0～6岁全脑教育

日本脑科学婆婆加代子的育儿经

〔日〕久保田加代子 著
郝萌 吕潇潇 译

中国妇女出版社

图书在版编目（CIP）数据

0-6岁全脑教育：日本脑科学婆婆加代子的育儿经 /（日）久保田加代子著；郝萌，吕潇潇译. -- 北京：中国妇女出版社, 2017.11

ISBN 978-7-5127-1479-3

Ⅰ.①0… Ⅱ.①久… ②郝… ③吕… Ⅲ.①儿童－智力开发 Ⅳ.①G610

中国版本图书馆CIP数据核字（2017）第148318号

0～6岁全脑教育——日本脑科学婆婆加代子的育儿经

作　　者：〔日〕久保田加代子　著　郝萌　吕潇潇　译
责任编辑：王琳
封面设计：吴晓莉
责任印制：王卫东
出版发行：中国妇女出版社
地　　址：北京市东城区史家胡同甲24号　　邮政编码：100010
电　　话：（010）65133160（发行部）　　65133161（邮购）
法律顾问：北京天达共和律师事务所
经　　销：各地新华书店
印　　刷：北京通州皇家印刷厂
开　　本：150×215　1/16
印　　张：14.75
彩　　页：16面
字　　数：150千字
版　　次：2017年11月第1版
印　　次：2017年11月第1次
书　　号：ISBN 978-7-5127-1479-3
定　　价：39.80元

序

我通过对自己曾出版过的3本书——《加代子婆婆的73条箴言》《加代子婆婆的男孩教育法》《加代子婆婆告诉你让自家孩子聪明的诀窍》进行严格的筛选修订，归纳总结出这部“一本足矣”的浓缩精华版本。

- 每天照顾孩子实在太累，没有太多精力读书。
- 家里没有亲戚帮忙，担心自己带不好孩子。
- 即便自己没有育儿经验，也没人帮忙，也希望能将孩子培养得多才多艺。

本书针对家长的这些困惑，以最新的脑科学研究成果和传统育儿经验为基础，将“久保田育儿法”进行归纳总结，内容通俗易懂，旨在为独自育儿的父母提供安心保障。

“加代子婆婆系列丛书”先后荣登日本畅销书榜单，目前已累计售出25万余册。

不仅年轻的父母，许多对传统育儿法产生共鸣的祖父母，也经常会给我寄明信片或信。信中提到，“我把你的书当礼物送给孙子”“你把我们想说的话用文字清晰地表达了出来”等，这些都给了我莫大的勇气，令我无比喜悦。

2011年3月11日，日本东北部海域发生里氏9.0级地震并引发海啸（以下简称“东日本大地震”）。在那种极端情况下，我突然感觉“如果不将自己总结了这么多年的育儿法则写成文字留存下来的话，以后可能会后悔”，于是紧急出版了《加代子婆婆的73条箴言》。

东日本大地震之后，日本以后还会发生其他大地震，而且位于樱岛、浅间山、箱根山等地的活火山说不定也会在某一时刻喷发。

谁也不知道今后还会发生怎样的灾难。

我由衷地希望，各位年轻的家长为孩子们的将来着想，每个家庭都要在育儿方面设定明确的努力方向。

其中最为重要的是，培养孩子无论面对何种困境，都能保持“坚韧不拔”的品格。

另外，随着全球化进程的不断推进，不要只局限于国内，家长有必要把孩子培养成全球通用型人才。只会考试的“学霸”早已不能满足社会需求了。

现在，世界各国都很重视培养孩子自幼独立思考、独立生存的能力，我们也要思考怎么做才能将孩子培养成栋梁之材。

今后的社会形势将会更加严峻，孩子们必须具备坚韧、智慧、顽强的品格。

为实现这一目标，第一步就是要在 0 ~ 3岁这个人一生中大脑发育最迅速的时期，认真培养孩子。

也可以这么说，3岁前为孩子的大脑发育打好基础，那么之后孩子去托儿所、幼儿园甚至小学，都会轻松很多。

看到我这么写，肯定会有人说“不想这么早就变成总把教育挂在嘴边的妈妈”，其实我特别希望有这种想法的家长能好好看看我这本书。

请以此书为契机，从这个“大误区”中走出来。

我之所以说3岁前是非常重要的阶段，也是根据脑科学研究成果中“大脑神经循环的密度在3岁时达到最高峰”的结论得出的。不仅如此，从以往的经验来看，父母在孩子0 ~ 3岁阶段花费更多心思的话，在之后的育儿方面会变得更加轻松。

这不仅对孩子有好处，对父母来说，更是一大幸事。

从孩子出生开始就用心观察，参考本书内容，选择适合孩子的培养方式，或许会得出你自己的独家育儿方法，同时还能增进亲子间的感情。

每个婴儿都带着最优秀的才能来到这个世界上。

我们一定要好好利用这份“礼物”，让它绽放出美丽的花朵。

妈妈爸爸们，孩子出生后，你们所做的“努力”，将决定孩子的未来。

本书从4个方面介绍了从0岁开始用心教育孩子的“53条心得”。其中有些内容或许会让你感觉与现代的育儿方式大相径庭。特别是那些阅读过大量育儿书籍的妈妈，大概感触更深吧！

不过，实践证明，我的这套育儿方法可以让大部分孩子更加自信，展现出更加光彩的一面。

本书中的方法是我和同事们在主妇之友社的“littleland”和城南进修研究所的“久保田脑研工房”等教育机构花费20多年时间，通过对3000余名婴幼儿的研究实践得出的。

本书最后收录了脑科学研究界权威久保田竞关于培养头脑与品格的专栏和短评，还特意为那些因孩子不爱吃菜而发愁的妈妈准备了家里大人孩子都爱吃的加代子婆婆的14道美味菜谱。

希望本书能对有育儿烦恼的父母有所帮助，衷心希望更多的孩子可以健康自信地成长！

脑科学婆婆

久保田加代子

2015年11月吉日

目 录

第1章

第2章
为自己能出生而庆幸、开心——培养孩子“感恩之心”的15条心得 29

第1章

用传统育儿法培养孩子“坚韧不拔品格”的13条心得

01

应该大量借鉴“轻松育儿经”

婴儿呱呱坠地后，不能立刻走路。这让育儿变成一项非常耗费精力的工作。

过去没有便捷的家用电器，妈妈要一边背着婴儿一边做家务。婴儿靠在妈妈的背上，看着妈妈的一举一动，听着妈妈的声音或轻声哼唱的歌曲，在不知不觉中便很好地锻炼了视觉和听觉。由于婴儿的腹部紧紧地贴着妈妈的背部，所以他通常感觉不到饥饿，而到妈妈喂奶的时候，他却会喝进很多的奶水。

当今社会，妈妈的育儿笔记上都会详细地记录下孩子喝了10毫升奶或者喝了20毫升奶，令人感觉非常机械呆板。就连一些指导新手父母的机构也会告诉新手妈妈“孩子一哭就喂奶”。如今这样的环境使喂奶成了按命令操作的事情，几乎失去了填饱婴儿肚子的本来目的。

训练如厕这件事也一样。过去，因为清洗尿布非常麻烦，大人通常会在孩子1岁左右训练孩子如厕。孩子尽早摘掉尿布，就像为妈妈颁发了一枚合格勋章。这些都是从妈妈“希望轻松”的心情中衍生出的育儿经。要知道，“希望轻松”的心情并没有错。

02

没有比育儿更有趣的事情了，这是女性的特权

孩子出生以后，妈妈和朋友在一起的时间减少，甚至连和晚归的丈夫说话的时间都没有。这难免让妈妈有种被整个社会隔离、抛弃的感觉。

有这种想法的妈妈好像很多。所以，妈妈带孩子时难免心情烦躁，还会向晚归的丈夫抱怨："你就不能早点儿回家？至少可以帮我给孩子洗个澡吧！所有事情都是我一个人在做！"

在我看来，"育儿是一件多么值得珍惜的事情"。抚养这些以后会担负起社会未来的孩子，是一项至关重要的"社会活动"。而且，育儿过程中的泪水和欢笑，都是妈妈辛劳点滴的忠实反映。抚育日渐成长的婴儿，是一项意义非凡的事业。孩子的将来会因为妈妈的抚养方式不同而千差万别。

可以说，孩子身上有很多地方都会体现出妈妈的影子。看着他们，妈妈自己也有种为社会贡献力量的喜悦。我先生[1]一直致力于对育儿的研究，他认为，"如此有趣的事情，岂是丈夫可以夺走的！抚育孩子是女性的特权"。女人不要总想着这是"我心爱男人"的孩子，多想想这是"我自己"的孩子，何不尝试换个角度呢？

1　指著名脑科学研究权威、日本京都大学名誉教授久保田竞。——译注

03

请避免过度关注婴儿

新生儿具备许多先天反射，比如为了顺利吸到乳汁，新生儿的嘴巴会吸吮所有接触到的物体，这是“吸吮反射”；如果用手指按压新生儿手心、脚心，他会立刻将手指或脚趾往中心靠拢，这是“抓握反射”。这些先天反射到婴儿4个月大时就会消失，所以要充分利用这些先天反射，对新生儿进行吸管喝水及抓握力的训练。

另外，当听到稍大的声响时，婴儿身体会一震，同时双手双腿大幅张开。这也是先天反射的一种，叫“拥抱反射”。婴儿表现出拥抱反射往往会吓到父母，为了避免婴儿受惊，有些家长会刻意降低日常生活的音量。

实际上，拥抱反射属于自然现象，无须担心。相反，应该尽量让婴儿适应各种声音。当婴儿出现拥抱反射时，不要将他抱起，不必过分在意。

因为担心婴儿而刻意压低日常生活音量，反而会造成孩子过于敏感。

04

孩子晚上9点以后睡觉也没有问题

经常可以从育儿书中看到，“要让孩子晚上9点之前入睡，养成良好的睡眠习惯”。

所以，很多家庭晚上都会出现这样的情形：晚上9点，辛苦工作一天的爸爸终于回到了家，但为了不吵醒好不容易才睡着的宝宝，妈妈一再提醒爸爸：“小点儿声，宝宝刚睡着。你轻一点儿，别吵醒他。”爸爸只好蹑手蹑脚地收拾，即使想看会儿电视，也得把声音调到最小甚至静音。

的确，早睡早起非常重要。当孩子上了幼儿园或是小学，无论有多不情愿，都必须这么做。

但是，在这之前，没必要完全遵守这个要求。即使在9点以后睡觉也没问题。爸爸工作了一天，回到家里已经十分疲惫了，肯定想跟自己可爱的宝宝一起玩一会儿。而宝宝也一定愿意跟爸爸好好亲热亲热。

我建议，爸爸晚上9点到家后，先花一两小时的时间陪宝宝说说话、玩一玩、洗洗澡。然后，全家一起睡觉。

我们要培养的不是让孩子尽早睡觉，而是要养成规律的健康作息。

05

为什么说“背着”比“抱着”好

以前，妈妈都习惯把孩子背在后背，基本不抱着。这样做的目的主要是双手可以腾出来做其他事情。而且，背着比抱着好的原因还有，抱着的时候，宝宝看到的妈妈的动作都是反着的，无法正确模仿。

想让孩子学做什么事情的时候，让孩子与妈妈保持同一方向观察实际操作的过程非常重要。以学习使用铅笔或筷子为例，妈妈做示范的时候，既不能坐在宝宝对面，也不能坐在宝宝身后——虽然是同一方向，但宝宝看不到妈妈的动作，也无法正确模仿。如果坐在宝宝的前面，宝宝和妈妈面朝同样的方向，他就能一边观察妈妈的动作，一边把这些行为信号输进自己的大脑里，然后正确地模仿。人类模仿看见的行为或动作，实际上是大脑中的“镜像神经元”[1]在发挥作用。

另外，妈妈背着宝宝时，有时会坐着，有时会站着，还会不停地移动。宝宝趴在妈妈的后背上就可以左右张望，看到更多的东西。如果被抱着，宝宝的视线只能局限在以妈妈为中心的小区域内。

1 指在人类大脑中反映他人行为，使人模仿学会各种技巧的神经元。——编注

06

不要屈服于孩子的“哭泣”

随着孩子的成长，他的记忆力会越来越好，对妈妈的爱也越来越深，懂得的东西也越来越多。有些孩子会对妈妈以外的人表现出排斥的行为，也就是我们通常所说的“认生”。

婴儿时期的哭通常是为了表达肚子饿、尿布湿了等不舒服的感觉，但是孩子也会从这个阶段开始，逐渐学会“撒娇型哭泣”。

当孩子意识到“只要自己一哭，妈妈就会马上来抱自己、关心自己、逗自己”的时候，他便开始用哭声来吸引妈妈的关注。

通常，孩子不喜欢妈妈离开自己，这可以说是一种向妈妈示爱的行为，同时也说明孩子已经拥有了自己的智慧。但是，如果每当孩子“撒娇哭泣”时，妈妈都立刻来到他的身边将他抱起，那就未免有些过于溺爱了。

首先要弄清楚孩子究竟因何而哭，是因为不舒服而哭泣，还是仅仅因为撒娇而哭泣。如果只是“撒娇哭泣”，请不要马上抱起他，不妨先在旁边观察一会儿。

如果孩子能够连续哭10分钟都不停止，说明他的体力和注意力都相当不错。所以，妈妈不应该抱怨自己的孩子“老是爱哭”，反而应该为他的体力拍手叫好。

07

用鱿鱼干和苹果来锻炼孩子的“咀嚼能力”

跟过去相比，现在人们给孩子吃的食物越来越软，有些甚至不用咀嚼就能轻松下咽。这导致越来越多的孩子咀嚼能力下降。

我儿子小的时候，为了锻炼他的咀嚼能力，我通常会把一人份的厚牛排切成儿子小手可以拿住的小块儿，然后放入烤箱烤至全熟，凉凉后让他拿着吃。因为烤牛肉很香，他会放在嘴里“叽咕叽咕”嚼半天再咽下去。[1]

除此之外，我还推荐多给孩子吃鱿鱼干和即食海带，但要注意选择低盐类型的鱿鱼干和即食海带。

给孩子吃这些越嚼越有味儿的食物，会让他们特别高兴，满足了不停咀嚼的欲望。当然，为了防止孩子误食其他东西，还请妈妈陪在孩子身边。

另外，孩子长牙的时候，可以给他准备个“磨牙棒”，也可以把苹果削皮去核，切成2厘米厚的圆片，当作“磨牙”的食物给孩子吃。

与塑料磨牙玩具不同，美味的苹果应该更受孩子欢迎。

1　如果尝试此办法，要在孩子添加辅食且能够接受肉类后。——编注

08

请不要轻易对孩子说“不行”

有些家长，无论孩子做什么都会说“不行”。我通常会对孩子说：“只要不是特别危险的事情，你什么都可以去尝试。”我认为，孩子多接受外界的刺激，有利于大脑发育。

例如，大部分孩子都觉得撕纸很有意思，那就把没用的报纸给他，让他随意去撕。把纸“撕开”“撕裂”“撕碎”等动作，可以很好地锻炼孩子手或手指的运动方式以及手的力度。

另外，孩子如果喜欢在墙上画画，千万不要说“不行”。家长只需要在墙上贴上绘画专用壁纸，然后鼓励孩子“想画什么就画吧”。

在墙上画画和坐在椅子上画画不同。在墙上画画时，孩子需要不时地蹲下去再站起来，这样便锻炼了手和脚的协调能力。而且，眼睛也会随着身体的动作上下运动，得到很好的锻炼。所以，在墙上画画值得推广。

孩子玩橡皮泥和黏土的时候，家长请不要说“不行”，试着对孩子说“好好玩吧”，尝试营造这种气氛。让孩子好好感受这些日常生活中体会不到的触感，可以很好地锻炼孩子的皮肤感觉。

用心发现孩子感兴趣的事情，放手让他去玩吧！

09

巧用海苔，让孩子爱上刷牙

好多孩子都不喜欢刷牙。妈妈通常会耐心地向孩子说明刷牙的重要性，“如果不好好刷牙，就会长蛀牙，牙齿会很痛，还必须去看牙医，治疗的时候也会很痛苦”，等等。但即便这样，孩子仍然不喜欢刷牙。

我给大家推荐一个好办法，给孩子吃放有很多海苔的“海苔饭”。孩子吃了海苔饭，口腔里就会有许多海苔残渣。然后，让孩子用白色的茶碗漱口，漱完口的水还吐回白色茶碗里，让孩子清楚地看到漱口水里面有好多海苔残渣。

妈妈这个时候就可以指着茶碗跟孩子说：“天哪，你的牙齿里有好多黑黑的海苔啊。乖，我们还是好好刷牙吧。”刷完牙后，让孩子漱口，再将漱口水吐在白色茶碗里。这时，白色茶碗里已经完全没有黑色海苔的踪影，孩子自己也能清楚地看到。

比起一味地跟孩子讲道理，用这种方法更直观，可以给孩子带来视觉上的冲击，也更容易让孩子接受。

如果哪位妈妈正在为孩子不喜欢刷牙而烦恼，不妨试试这个办法哦。

10

不断给孩子买新玩具，只会让孩子越来越笨

我先生在美国留学的时候，经常招呼朋友到家里来开派对。为了更好地招待客人，家里准备了各种型号的汤锅和煎锅。可平时根本用不着这么多的锅，所以我就把这些锅给儿子当玩具了。

儿子用这些真锅玩过家家，模仿妈妈做饭，有时还会把锅盖当作方向盘握在手里，模仿开车，玩得很开心。

那些造型简单但可以变换各种玩法的玩具，最适合给孩子玩。现在，市面上有许多功能繁多，装上电池就能动的玩具，但是孩子很快就会厌烦这种玩具，然后又缠着父母给买“新玩具”。

实际上，正是这种功能繁多的电动玩具，剥夺了孩子凭借想象力和记忆力玩耍的机会。

只要孩子用心琢磨，即便是玩了无数次的玩具，也可以玩出新花样来。这种可以反复玩的玩具不仅锻炼了孩子的记忆力，还培养了他的想象力。

妈妈也可以利用身边的塑料瓶或碎布头，试着自己动手给孩子制作玩具。快来挑战一下吧！

11

让孩子认识到爸爸的作用

由于生活在经济飞速发展的时期，和所有家庭一样，我先生也曾经每天忙于科学实验和学术研究，很晚才能回家。除了在美国留学那段时间以外，先生基本没有和孩子们一起玩耍过。

正因为如此，先生不在家的时候，我经常教育孩子："爸爸今天仍然要工作到很晚。他之所以每天都这么辛苦，是为了让我们能够吃饱穿暖。"

虽然爸爸经常不在家，但他仍然是家庭一员，并且是这个家庭十分重要的一员。如果妈妈不经常跟孩子说明这一点，他跟爸爸的感情可能会越来越淡。

"妈妈，我想和爸爸说件事情，但是都这么晚了，爸爸就不能早点儿回家吗？"想必好多孩子小时候都这么说过吧。

我的孩子在上幼儿园和小学之前，早上都可以睡懒觉。所以，无论先生多晚回来，只要孩子们还没睡觉，我都会让他们站在门口说"欢迎回家"，来迎接爸爸。

为家庭辛勤工作的爸爸，是绝对不能被忽视的。

12

能够坦然面对考试的失败，继续前进的孩子才是“聪明”的

在一次录制电视节目的过程中，我曾经强调过“让自己的儿子上东京大学[1]”这样的话。可能好多人因此误以为我是一个为了让孩子进入东京大学，提倡家长在孩子幼儿时期就进行早期教育的老太婆。

这真是个天大的误会。我认为，应试教育只不过是一种单纯的技巧训练，仅仅让孩子学会如何正确快速地答题。

比起在校成绩，当今社会更看重的是健康、智慧和为人处世的能力。而我想说的是，为了把孩子培养成这样的人，在他3岁之前就要打好基础。

曾经有家长跟我讨论孩子的教育问题，他们认为孩子只要好好学习就够了。我觉得这并不是一种为孩子未来考虑的教育方式。这样培养孩子，只不过是让孩子坐在教室中，按照父母的指示，学习考试的各种技巧而已。

而且，让孩子进入好学校，父母就能安枕无忧的时代早已经过去了。我们应该重新反思一下，如何培养孩子拥有“坚韧不拔”的品格。考试得高分的孩子，未必就是聪明的孩子。能够坦然面对考试的失败，重整旗鼓向下一阶段迈进，这样的孩子才是真正“聪明”的孩子。

---

1 东京大学是一所世界级著名研究型综合大学，是日本最高学术殿堂之一。——编注

13

孩子腹泻时，请试试“魔芋暖腹袋”

有些孩子非常容易发生腹泻。这有可能是夜里睡觉的时候着凉导致的。孩子每次睡觉都是刚盖好被子，很快就踢开了，还露出肚皮。另外，处在爬行阶段的宝宝也存在类似的情况，他们经常因为腹部趴在冷冰冰的床沿处而受凉，引发腹泻。

市面上用来缓解腹泻的暖宝宝，对于婴儿来说温度过高。我的办法是自制“魔芋暖腹袋”。

先煮3片魔芋，凉至合适的温度后装进塑料袋中，再用毛巾包好，放到宝宝的肚子上，然后用裹腹带或者细绳子绑一下，固定好就可以了。

“魔芋暖腹袋”的温度并不能维持整晚，所以宝宝腹泻严重的话，中间可能还需要更换一两次。这样，魔芋的热量会逐渐传递到宝宝的腹部，可以让宝宝酣睡一晚。

魔芋经过多次加热后体积会变小，但并不影响食用。富含膳食纤维的魔芋既好吃又好用，绝对是个宝。

第2章

为自己能出生而庆幸、开心
——培养孩子“感恩之心”的15条心得

14

培养孩子的同情心

我在育儿教室里准备了积木玩具。

来上课的孩子，无论是刚出生的还是大一些的，都是每三天有一次早教课程，所以这些积木玩具总有人在玩。

我准备的积木是一些边长为4厘米的立方体，开始都是妈妈们在玩。

妈妈把这些积木搭高，或者把同一种颜色的积木摆成一排。

妈妈要做出玩得很开心的样子，以此来吸引婴儿的注意力。

其间，如果婴儿伸出双手想要摸积木，妈妈会一边说“宝贝别动啊”，一边抱起婴儿把他的手移开。之后，妈妈再继续玩积木。

因为婴儿都是横躺在妈妈的怀里，只要他下意识地挥舞双手，肯定会碰倒妈妈的积木。这时，妈妈就会一边说“别碰、别碰”，一边挪开宝宝的小手。

月龄小的宝宝无法反抗，一般也就不会再动了。但取而代之的是，宝宝会像被伤害到感情一样，拼命扭动身体想从妈妈的怀抱中挣脱出来。

这些都是婴儿的正常反应，但如果宝宝会坐以后（四五个月以后），对于妈妈所做的事情仍然不感兴趣，那么家长就要注意了。

要让婴儿留意妈妈正在干什么，是什么事情让妈妈如此开心。通过这种训练，婴儿可以学会揣摩妈妈或他人的想法和内心活动。

特别是家里的长子，因为他跟妈妈相处的时间最长，更有必要培养他善于揣摩他人的内心、富有同情心、善于察言观色的能力。

另外，培养性情温和的孩子，家长可不能太温柔。

如果父母从来不发脾气，在孩子面前永远保持笑容，孩子只能通过笑脸来窥探父母的内心。最终，孩子将无法探知妈妈的内心，成为一个娇生惯养的孩子。

还未满月的小婴儿哭闹时，父母总是习惯将他抱起，边走边轻轻摇晃，或是配合婴儿哭闹的节奏上下左右地晃动。但最好不要这样做，因为这么小的宝宝脊椎还没发育好，是禁不起摇晃的。

其实，这个时期的婴儿正处于“拥抱反射”（详见“03.请避免过度关注婴儿”）阶段。当婴儿哭闹时，父母不需要立即抱起他，而是要先确认他哭闹的原因，看是不是真的有什么不舒服。

当婴儿手脚僵硬、大哭不止时，父母可以把婴儿的双手放在他的胸前，轻轻按住，就像婴儿在妈妈子宫里蜷缩的姿势一样。保持这样的姿势，将孩子安静地抱在怀里，直到他停止哭闹。

千万不要宝宝一哭就抱起来不停地摇晃，这样只会把孩子惯成“爱哭鬼”。

而且，即使边抱边摇让婴儿停止了哭闹，他也无法获得真正的安全感。

想让婴儿安静下来，就要先让他准确感知自身的状态，这点非常重要。半年后，宝宝的性格一定会变得温顺许多。

培养宝宝的好性格，也是培养一种生存能力，请家长们尽早行动吧。

15

培养孩子的专注力

我请摄影师来拍摄出生20天的义人小朋友（这可是从我开办的育儿教室里特意选出的“超级小模特”1号）的抓握反射（一种先天条件反射，即用物品触碰婴儿的手，婴儿会做出手指弯曲想要将其抓住的反应）。

胖嘟嘟的义人小朋友表现得非常好，按照我的要求，向我们完美地展示了抓握反射，并进行了长达15分钟的拍摄。其间也出现了哭闹的状况，但给他喂奶、换尿布后，他很快便睡着了。

拍摄15分钟，喂奶15分钟，睡觉15分钟，一个拍摄周期需要耗时45分钟。

摄影师只拍摄15分钟，义人小朋友吃奶睡觉的时间，他还可以抓拍其他小朋友。

除了这位“超级小模特”，其他孩子大多是因为有些发育问题才到我的教室来。虽然哭闹时也会被我抱起，但他们对我的举动基本没有反应。

尽管如此，这些孩子也都毫不示弱地表现出认生。直到进入下一个环节，我开始教孩子妈妈动作要领，或身体的移动方法时，他们仍然不能平静下来。

婴儿在家庭以外的陌生环境中表现出认生，是因为他们还没有观察清楚所处的新环境。

即使是刚出生的小婴儿也有自己独特的观察能力。

虽说婴儿出生后就生活在周围人的关爱之中，但除了给他喂奶的人以外，其他人都会被他视为“来历不明的人”。日复一日，这种警惕性使婴儿无法集中精力。

总的来说，专注力好的孩子不会受外界事物干扰，五感（视觉、听觉、嗅觉、味觉、触觉）也相对发达。

不论是让孩子喝白开水，还是喝吸管饮料，只要口感不好，他一定会表现出不快的神情。来教室上课的孩子跟我熟悉得都很快，只要见过两三次面，一起玩过，就不再排斥我。

另外，专注力好的孩子能够第一时间感知自己身处环境的变化。

成为“超级小模特”的婴儿，也需要有很强的专注力，当他意识到见到的是同一个人，很快就不会再哭闹了。

一次体验课或者说几次课程的重复，通过考察孩子对课程内容的记忆，就能看出他们在专注力方面的差距。

我教室里两位“超级小模特”的专注力都是出类拔萃的，他们2岁半时，就开始学习3岁幼儿教育的内容了。

举个简单的例子，这两个孩子可以保持端正的坐姿坐在“脑研椅”（为培养0岁婴儿的注意力，我们婴儿教室内特制的木椅）上做作业，长达40分钟。

一般来说，还不到3岁的孩子，坐上10分钟就坐不住了，开始说“妈妈呢”“我要尿尿”等。这样一来，同龄的孩子甚至年长的孩子也会像被传染了似的，上半身在椅子上晃来晃去。大家的专注力瞬间被扰乱。

但是，能保持40分钟坐姿的“超级小模特”却对周边的环境视而不见，仍然专心地完成“作业”。

另外，对于小宝宝来说，拼命地用力吃奶其实也是一种专注力训练。

值得注意的是，孩子可以长时间地专注于自己感兴趣的事情，并不说明他能集中注意力，因为专注于自己感兴趣的事情是很自然的事情。

因此，做一些被家长要求的事情，或者自己不大喜欢的事情，还能长时间地认真投入，才说明孩子的注意力集中，专注力高。

小明也是我的“超级小模特”。她第一次被要求坐在课桌前就坚持了40分钟，好像对任何事情都有浓厚的兴趣，这一点多次让我感到惊讶。

孩子2岁后，就能表现出明显的个性。

很明显，小明能够迅速理解我的指令。教给她正确的坐姿后，我只要说一句“看，背又弯了哦”，她立刻就能挺直腰板坐正。

也就是说，小明在专心玩耍的同时还能关注到我的指令，拥有我所追求的“可以同时做两件事情”，即所谓的“一心二用”的能力。这就好像“儿时的圣德太子”[1]一样。

1　圣德太子是日本飞鸟时期（593~710）的一位皇族。传说圣德太子幼时就很聪明。一次，有十几个人同时请愿来访，他们七嘴八舌地说完自己的诉求后，圣德太子不但准确记住了全部来者的话，还能一字不差地复述出来。——译注我的1号“超级小模特”义人是家里的老二，现如今已是个3岁的大孩子了，虽从出生起就备受宠爱，性格却格外温顺。

这两个“超级小模特”在上课时，都不喜欢父母干涉自己。

16

坚信所有的孩子身上都有“闪光点”

有发育障碍的孩子，即使付出数百倍于常人的努力，也很难学会正常孩子轻易就能学会的东西。

我家附近就有一个残障患者康复中心，里面生活着很多身体有残疾的人，比如小儿麻痹症患者或其他残障人士。

我偶尔会接触到其中一些患者。一次，我对一个男孩大喊“站在那里别动”。可他像完全没听见一样，依旧动来动去，还发出奇怪的声音。后来，我特意问别人他的年龄，才知道他已经20多岁了。

这个男孩是一位重度残障者，曾被医生断言“活不长”。其理由是，人要活到20岁，就必须有一个与其行为能力配套的大脑。

可我认为，哪怕有一点点效果，我们也应该努力为有发育障碍的孩子做些尝试。

我们可以为这个孩子量身定制一套教育方法，比如，循序渐进地把一些简单的知识教给他，相信一定可以看到他的进步。

再举个例子，有一个叫阿健的男人，3岁时，因为严重外伤导致脑部受创。在他9～15岁的那段时间，我曾经陪他一起度过。

医生也曾经诊断说“这孩子可能活不过20岁”，可他现在已经52岁了！

他的父亲曾担心地说：“我不能抛下阿健先离开人世。”但2012年的时候，他放心地把阿健独自留在家中，自己旅行去了。

刚认识阿健时，他连自己上厕所都不会。如果那样下去，他的父母，特别是妈妈，肯定会特别辛苦。

我努力尝试，看能不能以事故发生前，他3岁时的经验为基础，教会他一些事情。

现在，他因为出现抽搐（不受意识支配的肌肉收缩）等症状住在康复中心里，但3年前我们见面时，他还清晰地记得我，笑着过来打招呼呢。

其实，阿健能活到现在，完全归功于他的脑部发育。

为什么这么说呢？因为凭借他原本大脑的发育状态是不可能支撑他活到现在的。

生存本身就需要不断学习。

和正常孩子一样，残障孩子也长着鼻子、眼睛、嘴巴，具备生存的必要条件，所以别说“没法教”，只是慢一点儿而已。

正常新生儿一个月可以掌握的技能，残障孩子可能一年都记不住，但是他们之间的差距仅此而已，哪怕记住的东西再少，只要能记住就行。

如果什么都学不会，是没办法活下去的。

通常来讲，脑部有障碍的人大多活不过50岁。

我解释过，一个人要活到50岁，不仅需要维持50岁身体所需的能量，拥有与身体相适应的大脑也同样重要。如果大脑无法运转，人很难活下去。

教育工作者和医护人员能为这些患者做些什么？当然，这也是我要认真思考的问题。

我希望正在看这本书的读者可以意识到，一个孩子，无论身体上存在什么样的缺陷，都有生存下去的权利，我们要共同努力帮他们掌握生存技巧。

有缺陷的孩子的出生一般都被视为“不幸”，但我不这么认为。他们跟读者朋友一样，被赋予生命，降生到这个世界。既然已经来到这个世界上，就要努力地活下去。

请记住，这些孩子并不是为了“不幸”而出生的。

那些因为身体存在缺陷而一味抱怨“当初为什么要生下

我”，动不动就说自己“不幸”的人是很不受欢迎的。

在我看来，总是这样说话的人，才是真的“可怜”。

让我们都转变一下观念，既然孕育了生命，就必须教给他活下去的本领。只不过，对这样特殊的孩子，教授方式和接受方式都有所不同而已。

比如，教一个有视觉障碍的孩子时，肯定不能让他“看这个，看那个”。同样道理，教授这些特殊的孩子，也一定要想办法找到让他们能够理解的突破口。而这个突破口，必须由生活在他们身边的人去探索。

我们必须始终牢记的是：无论是谁，既然被赋予了生命，就有生存下去的权利。

我相信，只要我们抱着这样的态度去对待这些孩子，无论他们有什么样的缺陷，其身上都有“闪光点”。

17

让孩子切身感受到敬语的重要性

我强烈感觉到，随着时代的变迁，现在年轻人的语言中好像缺失了某种东西。

在60多年的人生中，我从来没有顶撞过自己的上级，说话的语气也很柔和，日常生活中也尽量使用近乎敬语的说话方式。

我想，看过关于我的电视采访的人也许会觉得我这个人有些奇怪。的确，我对小孩子说话的时候，也会特别注意使用敬语。

以前，说敬语是有教养的表现。但最近这些恭敬的说话方式总是被曲解，流传已久的敬语逐渐被年轻人抛弃。

我在第二次世界大战前夕出生，学习的是当用汉字[1]（第二次世界大战后修订的汉字）。反观现代社会的许多语言，比起那时的用法，实在是过于混乱。

经常有些妈妈向我咨询："请教我一些训斥孩子的方法吧。"这让我非常为难。

家长们，特别是女性家长，在情绪激动的时候，会使用一些很粗俗的语言，让我深切地感受到"规范语言使用方法的任务简直太艰巨了"。咱们暂且不要求语言使用的规范性，跟长辈说

1 指日本政府于1946年将当年的日本语审议会报告所公布的《当用汉字表》中所收录的1850个汉字，定为现代日本语中日常使用的汉字书写范围。——译注

话时，起码应该保证发音清楚。

特别是对待60岁以上的长辈，希望大家在日常生活中，互相使用敬语。

几年以前，我家附近搬来了一户现在已经很少遇到的传统大家庭。

祖父作为一家之主，对晚辈非常严格。孙辈们每天早上都要向他行礼请安说："您早上好！"他也会抚摸着孙辈们的头说："早上好，今天要加倍努力。"

进入青春期的十二三岁的男孩，通常不爱跟别人说话。在路上遇见别人打招呼，他们也根本不予理睬。

有时候，我会主动跟这些处在青春期的孩子打招呼："你回来了！今天天气很热啊！"如果是女孩，也许会给点儿回应，但多数是赶紧低头快步走开。男孩更是不予理睬，东张西望地像根本没听见一样。

对此，我一般都会再大声地说一遍，以示不满。

但是，这个大家庭的孩子们却不一样，每次遇到他们，还不等我开口，他们就会说："您好，我回来了！"

如果是在车里，我会停下车来，打开窗户说："欢迎回来，奶奶现在要去买东西了。"

孩子们会接着说："您快去吧，路上开车小心！"

这家的几个孩子并没有上大学，而是读的职业学校，上班后也一直认真工作，非常阳光，每天都过得开开心心的。

后来，他们都顺利地结婚、生子，这个大家庭也越来越热闹了。父亲升级为爷爷，可那位说过"要活到90岁"的老爷爷，最近却自言自语道："我的耳朵越来越背了，也算是件好事啊！"

我问他："您为什么这么说呢？"

他说："最近，孙辈们的一些说话方式真让我接受不了，还是听不见更好。"老人家还说，最近听孙辈们说话，经常是他们还没说几句，就不再使用恭敬的语言。

老爷爷在耳朵还很好的时候就听到过，比如以前弟弟跟哥哥说话，都是说"哥哥，这是您的东西吧"。可是，现在他不但不叫哥哥了，有的时候还直呼"喂"。

当然，我不是鼓励老年朋友们插手孙辈的教育问题，只是在说话方式上提醒孩子们注意一些，"表达内容要完整，让对方听明白"，这会对他们有所帮助。

我有一个18岁的孙子，每当他说话含糊不清时，我都会跟他强调："奶奶年纪大了，耳朵不好了，听不清你说的是什么，请你把嘴巴张大再说一遍。"

家长还要教给孩子："谈话时，即使对方做出反馈，也不清楚他是否真正领会你的意思。所以，说话时要看着对方的脸，通过眼神来判断，这一点非常重要。"

有时候，我跟我先生说话时，他总是含糊地回答"是啊""对啊"。每当这时，我就会对他说："现在，请重复一遍我刚刚说过的话。"

各位爷爷、奶奶，我们要坦然面对衰老，接受自己的年纪，也要拿出长辈的身份，引导孙辈们使用敬语。这一定会使他们终身受益。

18

爸爸们，请尽情展示你们的运动神经

一般来说，男孩要比女孩更有力量，也更喜欢运动。

在提重物的时候，男孩会利用“杠杆原理”，并能灵活掌握要领。

包括体育项目在内，直接活动肢体的运动技能由爸爸来传授，伴随五感的感觉训练则由妈妈来教授，这样分工最好。

这也正是爸爸向孩子们展示自己运动神经的最佳时机。

要让孩子发自内心地赞叹：“爸爸真厉害！”

比如，教孩子投篮就是爸爸的任务了。胳膊和手的位置、步法和重心移动的方法、如何用肩膀带动胳膊发力、甩腕投球的方法、如何控制方向，等等，爸爸需要亲自示范这些动作，孩子才能记得住。

从小喜欢玩球并不断练习投接球的爸爸，自然比妈妈更适合教孩子运动。

总之，让孩子边学边模仿，很多运动技能在不知不觉中就掌握了。

另外，爸爸曾经在运动方面有过哪些成功的经验或者失败的教训，无论孩子是否听得懂，请尽量多跟他们讲一讲。因为男孩通常会对爸爸不为人知的一面感兴趣，所以请各位父亲在陪孩子散步时，有意识地多讲讲这方面的事情吧。

爸爸们可以这样说：“跟棒球相比，爸爸小时候更喜欢足球，所以开始练习踢足球。足球比赛中，每位队员都必须不停地奔跑，虽然这样非常辛苦，但因为喜欢，再辛苦爸爸都能坚持在赛场上奋力奔跑。”

或者说：“在爸爸还是学生的时候，曾是一名游泳运动员。这是因为爸爸喜欢游泳，非常希望自己能游第一，成为奥运选手。怀着这样的梦想，爸爸每天在泳池里刻苦训练。但在参加全国选拔赛时，有人游得比爸爸更快，爸爸最终遗憾落败，无缘奥运赛场。不过，多亏了那时高强度的训练，爸爸练就了一身好体魄，到现在都非常健康。”

如果爸爸能这么说，听到这些话的孩子大概也会积极地说：“是啊，我也要努力！”这样，我们的目的就达到了。

然后，爸爸就可以带着孩子一起练习，养成孩子爱运动的习惯，孩子的体质也会随之增强。

这就是所谓的“健全精神寓于健全身体”。

19

让孩子认识到获得父母许可的重要性

在孩子迈出家门之前，家长怎么宠爱都不过分。任性、好胜等性格都可以在以后的教育中逐渐改正。

父母的人生态度往往会映射到孩子身上，所以为了让孩子按照家长期待的方向发展，请从孩子能听懂话的时候就开始逐渐给他灌输，让他从点滴小事做起，了解父母的生活态度。

换句话说，迈出家门是孩子成长的重要标志，在此之前，怎么宠爱都可以，但只要孩子开始接触社会，家长就要开始用孩子能理解的语言，严肃认真地跟他讲为人处世的道理了。

这就是家教。

一次，我培训过的一名辅导员，邀请我参加她工作的早教机构主办的“婴儿课堂”（以新生儿到会走路前的宝宝为对象）和“育儿课堂”（以会走路到3岁的宝宝为对象）活动，都是亲子辅导。

活动现场，妈妈们都在专心听我讲课。我讲到重要的内容时，她们还会认真记笔记。

而孩子们呢，基本都在离妈妈不远的地方玩玩具（男孩玩小汽车，女孩玩洋娃娃）。一个个边玩还边自言自语地嘟囔着。

久保田カヨ子先生
講演会、育児相談会

忙着记笔记的妈妈们，不停地对孩子说“小点儿声”。

被批评的孩子则像是报复一样，抢过妈妈的铅笔，模仿妈妈的动作，在笔记本上胡乱涂抹起来。

你猜怎么着？这位妈妈非但没有批评宝宝，反而从本子上撕下一张纸递给他，让他在那张纸上涂画。

这位妈妈其实犯下了一个大错误。

她默许了孩子这个抢东西的行为。这样一来，即使孩子今后去抢别人的玩具，妈妈也管不了了，因为孩子抢妈妈铅笔的时候，妈妈没有批评制止。

同样道理，自己孩子的玩具被别人抢走时，也没法批评别人了。

这一切都是因为当初没注意教孩子学“规矩”，才造成这样的后果。

同样的场景，当孩子跟妈妈抢纸笔的时候，妈妈可以掏出事先准备好的幼儿专用图画本（写生本）和铅笔递给孩子，并跟他说“你来画一画加代子奶奶吧”。

值得注意的是，只是把纸、笔递给孩子，他也不知道该画点儿什么。

孩子仅仅看着妈妈快速记笔记的样子，想着“我也要这样”，于是小手指快速地在纸上乱画，模仿妈妈的样子，但其实这样“乱画”没有任何意义。

这时，妈妈只要稍加指导，给出一个明确的主题，孩子就能画出有意义的画来。

实际上，自由作画很难，不经过严格训练是画不出来的。

“从临摹到素描再到创作”，只有苦练基本功，最终才能掌握自由作画的技巧。

另外，关于坐姿问题，如果哪个孩子在我面前坐得歪歪扭扭、弯腰弓背的话，那他可就要挨批评了。

不论什么场合，家长都要要求孩子直起腰板儿端正坐姿，正确握笔书写。

至于躺在床上画画之类的就更不能允许了。

要是我培训的辅导员在教学中没有注意到这点，我会郑重地向孩子和孩子的妈妈道歉。

如果真遇到孩子坐姿不当的情况，请妈妈按照我前面所写的内容，事先给孩子准备个专用图画本或写生本，并在给他时说清楚，“画画要坐好”，让他坐姿端正地画画。

聪明的孩子会知道获得父母许可的重要性。

在教室里吃饭的时候，有个2岁的孩子一直老老实实地坐在餐椅上吃着饭。直到吃干净并说完“我吃饱了，多谢款待”后，他才起身离开餐桌。

这个孩子已经明白获得父母许可的重要性了。

懂事的孩子一定有一个懂事的大脑。

当然，他们也会搞恶作剧，也会撒谎，做事情有时也会偷懒。即便这样，懂事的孩子脑中的突触[1]，就像美丽的枝叶一样，早已在大脑里伸展开了。

1　指两个神经元相连接的部位，对神经冲动的传递起增强或抑制作用。——译注

20

3岁之前，妈妈是孩子的最爱

孩子进入幼儿园小班的那一刻，所接受的管教一下子就变得严格起来。

如果弄湿了裤子，就要借穿小伙伴的裤子，再把又沉又湿的运动裤带回家。

平日里带去幼儿园的水壶，经常一口不喝就被带回家。突然有一天，孩子带回来个空壶。

“你的水被别人喝了吧？”妈妈不经意的问题，竟会猛然刺痛孩子幼小的心灵。

在幼儿园里，孩子被老师要求“不许那么做”“必须这么做”，到处都是严格的规定，真让人想哭。

有时，孩子还会被朋友笑话“你动作可真慢”。

实际上，如果是在家里，妈妈往往会对孩子的大部分行为睁一只眼闭一只眼。到头来，孩子反而会因此责怪妈妈：“在家里可以做的事情，为什么在幼儿园里就会被批评？这全都是妈妈的错！”

上了幼儿园的孩子，还会特别关注异性小朋友，特别是男孩，回到家里也会拼命赞美某个特定的异性朋友。

对待这种“小初恋”，家长只需要耐心地听着，并给予微笑的回应，表示理解就好。

但是，有些小朋友会不适应幼儿园的生活，每天都沉默不语，还被老师怀疑有“自闭症倾向”。这样的孩子，即使衣服被弄湿了，也不吭声，就那么湿漉漉地穿着。

其实，3岁左右的孩子出现一些内向消极的行为很正常。随便一个合适的契机（比如交到了好朋友），以前活泼开朗的性格就又回来了，完全不用担心。

3岁左右的小朋友，很难容忍与自己年龄相仿甚至更小的小朋友。即使是婴儿，也会被视为竞争对手。

原本不能容忍其他人的孩子应该更早送到幼儿园来适应集体生活，但偏偏这样的孩子什么事情都要依靠妈妈才能完成。

孩子已经“走向社会”，却对妈妈仍然有强烈的依赖心理的时候，妈妈就应该反思一下了。

在孩子上幼儿园或托儿所之前，父母需要做许多准备工作。

首先，让孩子接触一些妈妈以外的专业老师，比如教授钢琴、舞蹈、武术等课程的老师。

当然，具体上什么课也要因人而异。对于那些紧紧依偎在妈妈身上不肯下水，在泳池边上大哭的小朋友来说，上游泳课是完全没有意义的。

只有离开父母单独去参与课程，才能得到真正的锻炼。

其次，在家里训练孩子独立。“亲子分离”的第一步便是让孩子学会自己吃饭。

值得注意的是，在训练独立吃饭之前，首先要让孩子做到从“开动”到“吃饱”全程不离开座位，专心致志地吃饭。这一点至关重要。

21

导致孩子病情恶化的“禁语”

来我这里上课的孩子中，爱找碴儿的特别多，所以我把这个教室戏称为“找碴儿班”。

孩子爱找碴儿也是来这里上课的妈妈们公认的。

事情最开始是由妈妈们的各种担心引发的。

很多妈妈是因为担心孩子出现的各种发育方面的问题，才带孩子来上课的。比如，孩子的哭声细弱、食欲不佳、身材瘦小，甚至不会爬、走路姿势不正确，等等。经过指导，她们的烦恼陆续得到解决，我还会适时相告“下次不用再来了”，但这些孩子还是每周都来，像是特意来“找碴儿”的。

慢慢地，来上课的孩子都是存在问题的和有争议的孩子，因此我才称这个班为“找碴儿班”。

进入正题，“找碴儿班”里有一位叫泽野的小朋友。他的身体的确不太好，2岁之前就已经做过2次手术了。

泽野恰恰还是一个非常喜爱运动的孩子，所以跟他说话时就要格外留意，避免说出一些让他忌讳的话语。

“不许动，给我老老实实地待在那里！”如果用这样命令的口吻跟他说话，他肯定会感到不舒服。

为什么要对泽野这么说呢？因为运动对他来讲十分危险，有可能会让他再次入院，躺在病床上一动不动地输液。

不过，我们既然知道这个情况，在制止他运动的时候，就应该微笑着说“千万不要乱动哦，原地不动地等一小会儿好不好”。

这样的话语，比“不许动”要柔和许多。

泽野原本就是个聪明的孩子，一下就明白自己为什么必须在原地等着了。

幼儿园的老师曾多次严厉地对泽野说：“泽野，不许动！老实待着！”

这样一来，泽野的情绪受到刺激，就会使劲儿把头往墙上撞，直到把头撞破，渗出血来。

在儿童的众多行为当中，“自残”是最让人头疼的。

如果孩子咬人，我们可以跟他说：“你再这样，妈妈也咬你！”

让孩子体会被咬的痛感，这种“以牙还牙、以眼还眼”的方法对孩子最管用。这样做了之后，孩子基本上就不会再咬人了。

而有自残行为的孩子，他们在知道这样做很痛的情况下，依然做出伤害自己的行为，这是最让人头疼的地方。

我拜托幼儿园的老师："我不知道你为什么要那样对这个孩子说话，他在这方面有心理创伤。在医院里打点滴时，为避免他乱动，医生会把他固定住，所以当听到'不许动，给我老老实实地待着'这句话时，他会再次陷入恐怖的回忆中，情绪才会失控。希望你以后能用更温柔的语气跟他说话。"

在医院里也是一样，医务工作者们，请用更温柔的语气跟孩子说话吧。"为了治好你的病，我们需要打一点儿点滴哦。你可是个坚强的男孩子，一定可以不乱动地坚持下来的！"

说些让孩子也能理解的话，让他明白，我们这么做是想关心他、呵护他。

大家别把我刚才写的事情不当一回事，要知道，幼年时遭受的心理创伤很可能会影响孩子一生。

为避免孩子在精神方面受到刺激，妈妈的照料一定要细致周全。特别是孩子出生后的前3个月，大脑发育的速度之快，快到超出常人的理解范畴。

实际上，孩子的大脑就像吸墨纸一样，好的坏的东西都会印上去。

22 给孩子断奶的方法

我的育儿班上的“超级小模特”小明，有一个小弟弟。

这个“早熟”（指小女孩特有的与其年龄不相符的成熟及智慧）的小姐姐总是会引发各种问题，但对我来说，这些都是很好的学习案例，真的非常感谢这位小模特。

弟弟一出生就被妈妈和奶奶捧在手心里，娇生惯养。除了个头以外，弟弟跟姐姐一点儿也不像。像许多家庭里的第一个男孩一样，弟弟非常骄横任性。

弟弟1岁4个月时，妈妈打算给他断奶。

与女孩相比，男孩断奶的时间一般都要更晚一些。许多妈妈因为怕孩子夜里醒了哭闹，不容易入睡，或不爱吃辅食等原因，而一直断不了夜奶。

但是，如果想给孩子断奶，最好先从断夜奶开始。

如果不断夜奶，妈妈夜里要起来好几次喂奶，每天都筋疲力尽。

小明的妈妈终于下定决心，开始实施断奶计划。

但是，弟弟不分白天黑夜地哭闹，妈妈看着非常心疼，忍不住又给吃奶，于是陷入恶性循环。另外，由于男孩吃奶力气特别大，原本打算断奶的，被他一吃，乳房更加胀痛了，妈妈就这样一天天忍受着肉体上的折磨。

妈妈的乳房火辣辣地疼，人也变得歇斯底里，终于没扛住，病倒住院了。

第二天，爸爸抱着弟弟到我这儿来了。

来的时候，孩子满脸委屈，把头往爸爸怀里扎。

孩子以前过来的时候，总是不管不顾地玩自己喜欢的玩具，大概是这次起了戒心，不仅仔细打量我，还竖起耳朵听我说话。

我跟他爸爸说："把孩子放下，让他吃点儿东西吧。他都哭了2个多小时了，也差不多累了。"

这个时候，孩子还在爸爸怀里低声抽泣。但被我这么一说，他好像真的感到饿了，来回打量我和他爸爸，盘算着我们谁会向他抛出橄榄枝。

我跟他说："不要这样小声抽泣！要哭就大声哭出来！"听完，他真的像往常一样哇哇大哭起来。

又斗争了半小时左右，弟弟终于哭累睡着了。

我跟爸爸说："看样子，他得睡上一个多小时，你可以到外面悠闲地吃个饭了。"我把爸爸送出去后，就开始测量这个男孩的深睡眠时间，以便了解孩子的睡眠类型。

每个孩子的快速眼动睡眠[1]（浅睡眠）和非快速眼动睡眠[2]（深睡眠）都存在微妙的差别，找出其中的规律加以利用，可以很快把他们哄睡。

孩子还没醒，爸爸就回来了。于是，我利用孩子睡觉的这段时间，从二楼教室出来，到一楼煮了燕麦粥和猪肉青菜汤。

差不多又过了2小时，估算着弟弟差不多该睡醒了，我又上了二楼。

过了一会儿，孩子睁开眼坐了起来，呆呆地打量着他爸爸和我，好像在犹豫要不要哭似的。我先开口了："奶奶饿了，刚去楼下吃了饭，顺便也给你做了一份，给你端上来吧！"说完我就到一楼把准备好的饭菜端上来，让他爸爸喂他。我自己回到一楼悠闲地吃饭去了。其间，我没有听到二楼传来一丁点儿的哭闹声。

临走时，孩子爸爸不禁感叹道："老师，看这孩子的脸，我觉得他突然长大了似的。"

还真是，孩子的表情就好像一个骄傲的青年。

大概是经历了断奶、和大人抗议似的大哭、肚子饿得咕咕

1　指人虽处于熟睡状态，但却会出现快速地转动眼睛等觉醒表现的睡眠阶段。——译注

2　指快速眼动睡眠时期以外的睡眠阶段。——译注

叫等过程后，终于能够饱餐一顿，孩子一下子感到满足了吧。

养育男孩时，无论他几岁，家长都要注意抓住合适的时机将“男人的概念”灌输给他。

可以多跟男孩说些成就感满满的话，比如“作为男人，我做事情要有始有终”“我工作时非常努力”，等等。

说不定，孩子也会在某种场合下说出“我非常努力”这样自我认可的话来。

最终，经过5天的努力，小明弟弟的断奶大功告成。

与到我这里来大哭的那天相比，这个男孩的外貌似乎真的发生了一些变化。他爸爸为此感慨道：“总觉得孩子变得有男子汉气概了！”

我对爸爸说，想要弟弟超越姐姐——被我灌输帝王学[1]的“超级小模特”小明，做爸爸的必须给男孩灌输“何为男人”的概念。

1　指为掌握合乎帝王身份的教养、思维方式等而进行的修习。——译注

23

不要过分强调“奶爸”的作用

近一两年，我到日本各地去演讲或是给“育婴课堂”“育儿课堂”讲课时发现，来听课的年轻爸爸数量猛增。

这些年轻的爸爸中，有的是陪妈妈来参加的，或者说并不是以孩子看护人的身份来参加的，而有的是专程来学习育儿知识的，每到答疑环节，这些爸爸都比妈妈更踊跃地举手，看起来非常显眼。

我很高兴看到这么多年轻的夫妇重视科学育儿，但有一次发生的事情令我产生了较大的触动。

那次是我在家乡的便利店举办小型讲座。

讲座前一天，天空开始还是万里无云，可半夜却突然变天，狂风大作，下起了暴雨。

第二天，我担心地跟工作人员说，受恶劣天气影响，来听讲座的人肯定会很少。没想到竟然来了平时两三倍的人，挤满了整个会场。

想知道这是为什么吗?

原来是爸爸们跟公司请假，给妈妈们当司机来了。

不止如此，爸爸顺便还把爷爷奶奶、姥姥姥爷也带来了。

我认为，对于年轻的爸爸而言，最重要的还是要好好工

久保田カヨ子先生講演会

作。毕竟，他们担负着养家糊口的责任。

另外，如果妈妈是全职主妇，那就更不用说了，要一心扑在家庭上，连同爸爸的育儿工作一起承担。

如果妈妈跟爸爸一样，需要全勤工作，并且收入与爸爸相当，那么夫妻二人就要认真协商，育儿工作一人一半。

夫妻双方千万不要总因为育儿那点儿事抱怨连连。

年轻的妈妈们，请全力支持自己丈夫的工作，不要盲目攀比，活出自我、快乐育儿吧。

“你看谁谁谁家的老公，简直就是个‘超级奶爸’，在家里又刷碗又洗衣服。你再看看你，只会倒垃圾。从明天开始，拜托你也开始洗衣刷碗吧！”妈妈们千万不要说这种幼稚愚蠢的话。

也许被你称赞的那个“超级奶爸”，人家单位是弹性工作制，可以自由安排自己的工作时间。而你的先生是个白领，早上7点就要出门上班，晚上加班到凌晨才能回家。让他回家再洗衣刷碗，根本不现实。

现在懂了吧?

人家有人家的过法，自家有自家的情况。

这句话几乎适用于任何领域。比如，我们把其他国家的经济发展模式用在自己的国家，未必能发挥作用。文化、习俗、法律也同样如此。

其他国家的东西是其他国家的，本国的就是本国的。

别人家有别人家的规矩，自家有自家的生活方式。

夫妻双方的性格、工作、收入以及家族成员的构成，每个家庭各不相同，所以让所有家庭都采取相同的生活方式和育儿方法是不可能的。

同理，就算是“奶爸”，每一位也都有着自己的特点。

全民一致的时代早就结束了。不加分析、填鸭式地模仿别人，其实是学习不充分的表现。夫妻二人认真商量、讨论，根据自身情况规划出适合自己的生活方式，摸索出一套独家育儿经，一起朝着这个方向共同努力，这样多好啊。

如果爸爸真的对育儿感兴趣，刚开始也不要用力过猛，一点一滴从小事做起就好了。哪怕只是倒垃圾，也是帮了妈妈很大的忙呢。

另外，妈妈也不要对爸爸成为“奶爸”寄予过高的期望，期望越高，失望就越大。开始就不要抱以期望，反而还有进步的空间。

另外，当发现爸爸为当“奶爸”耗费了过多的精力时，妈妈一定要帮他控制好情绪，避免爸爸因过度疲劳导致精神和体力消耗殆尽（患上倦怠综合征）。

在育儿这件事上，夫妻双方相互理解非常重要。

早在“奶爸”一词尚未流行时，就有许多父亲参与到育儿当中。

如今，也请不要跟风似的赞美“奶爸”。

夫妻两个情投意合，结婚、生子一路走来，如果仅仅因为“奶爸”的事情让两个人的感情出现裂痕，真是太可惜了。

我一直都在说，没有哪样工作比育儿更有意义了，这可是把一个人从婴儿抚养成人的伟大事业，是多么崇高、责任多么重大的工作啊。

育儿也是爸爸和妈妈共同拥有的美好体验。

与左邻右舍无关，夫妻二人共同构建起自家独特的育儿方式，让一切都顺其自然、和和美美。

24

请正确对待老大

“掌上明珠”（非常疼爱的孩子）通常用来形容女孩被父母像对待珍宝一样用心呵护长大。

不过，下面我们要讲的是长子的养育方法。

作为家里的第一个孩子，不仅仅是父母，全家人都会像对待珍宝一样格外宠爱他，所以很难把他培养成富有同情心、懂得感恩的孩子。

如果对长子过于溺爱，那么老二出生后就会出现很多问题。特别是年龄相差两三岁的两个孩子之间，问题尤其突出。弟弟（妹妹）出生后，老大好像又变回了婴儿。

如果两个孩子年龄相差四五岁或以上，那么妈妈在怀孕的时候，多教育教育老大，问题就会少很多。可一旦处理不好，也会出现极端状况。有些兄弟姐妹成年后关系也不好，直到父母离世，都没有丝毫改善。

举个例子，如果老大身体有残疾，老二会对父母的艰辛感同身受，虽然年纪小，也会尽其所能帮忙照顾哥哥（姐姐）。每每看到这样的场景，人们都会感动落泪。

相反，如果老二身体有残疾，一方面，老大看到父母因为忙于照顾老二无暇顾及自己，就会想起老二出生前自己独占父母的时光，难免心生怨恨；另一方面，父母希望老大能同情老二并帮忙照看。对于一个孩子来说，这是一种多么复杂的心情啊。

当然，具体情况也要根据老二身体状况而定，家长应尽可能抽出一些时间来陪陪老大，并注意培养老大的同情心，否则父母可能就要品尝苦果了。

人类都是如此，希望被人照顾，希望生活安逸。把这一特点称为本能也不为过。

当老二快要出生时，不论父母怎么跟老大讲“你马上就要当哥哥（姐姐）了”，孩子也无法理解他将要面临怎样的现实。

孩子也许会突然变得像婴儿一样要吃妈妈的奶，也可能会撒娇咬人、拉裤子、夜里哭闹、撞头甚至绝食等，给父母制造很多麻烦以示抗议。这时，即使是自己的亲生骨肉，父母也会觉得很烦。

我小时候也遇到过这样的问题。妈妈带着比我小5岁的妹妹出门，经常把我一个人留在家里。

对于当时的我来讲，被单独留下来看家的难过、苦闷及心灵创伤许久都不能平复。那时，我甚至对妈妈产生了不信任感，夜里睡觉时做梦还哭醒过，一直到天亮都睡不着。

幸运的是，我从小就胆子大，是个粗线条的人，也没有什么让我害怕的事，所以长大后并没留下什么心灵创伤。但我要说清楚，孩子的性格不同，同样的事情，有些孩子可能一生都摆脱不掉由此产生的阴影。

父母和孩子之间也是要讲缘分的。如果父母对待孩子不能一视同仁，被偏爱的孩子不会有什么特别的感觉，被冷落的孩子则会受到很大的伤害。随着年龄的增长，这种伤害会更加严重，甚至会困扰孩子的一生。

我特别反感那些不能对孩子一视同仁的家长，他们总是根据自己的心情随意对待孩子。出现问题后找我来商量，我通常对这些家长也不会太上心。

虽然我每次都提醒自己打起精神认真跟这些家长谈一谈，但总有一种强烈的预感告诉我，“他们一定不会照我说的去做”。

不过，我也始终抱着成为“宝宝代言人”的决心来工作，遇到什么样的家长都不会放弃。

25 坚韧小女人的育儿经

那是一个天气逐渐转冷的深秋，在东京涩谷发生的事情。

因为要录制一期电视访谈节目，我被50位年轻妈妈和她们的孩子“围攻”了一整天。

说起来真是让人意外，我和这些妈妈之间完全没有代沟，愉快地度过了一天。

跟我的童年时代一样，孩子们当中有阳光英勇型的小男孩（淘气包、淘气鬼），也有早熟爱管闲事类型的小女孩。不过在这里，也有些类型的母子组合是我从未见过的。

来我的育儿教室（位于日本爱知县犬山市）上课的孩子们，大多都是在乡下长大、性格爽朗、憨厚可爱的“小鼻涕虫”。

但来东京涩谷上课的宝宝，男孩都戴着针织帽、穿着背带牛仔裤，女孩则像是从时尚杂志里走出来的可爱小公主。

妈妈们也一样，眼看就要到冬天了，却一个个穿着小短裙、露着大腿，上半身T恤衫外面套一件厚厚的短夹克，跟“头寒足暖”的传统穿着方式完全相反。不仅如此，所有妈妈都贴着长长的假睫毛。

当然，我没有理由要求大家注意穿着。

因为屋里都开着空调，这样穿完全不会觉得冷，毕竟这早已经是一个连快餐都营养满分的时代了。

感觉称这群辣妈为“姐姐”更合适。

不过，人不可貌相。这群衣着时髦的妈妈，对待孩子有着让人意想不到的严厉。

大家一起用餐时，这些辣妈会严厉地教育孩子：“你看，碗里还有饭呢！不许剩饭，快吃！”虽然措辞并不讲究，但孩子们都能乖乖听妈妈的话。

那次活动上还有一个5岁的小孩子哄着他弟弟玩。两个孩子完全没有互相争抢玩具，都能够严格地遵守游戏规则……他们究竟是如何做到的呢？真是令人惊讶。

我之前也接触过很多家庭的长男、长女，像这样阳光、率真又听话的孩子还是第一次见到呢。

那天，看起来好像是我一直坚持陪着大家直到筋疲力尽。而实际上，从这些年轻妈妈和孩子身上，我也学到了很多。

后来，我再次回忆起和这些年轻妈妈在一起的经历时，还由衷地感叹："女人还是应该趁年轻的时候生孩子。"

首先，养育孩子，很多情况下，体力就可以解决问题。

乍看之下，这些辣妈所养的孩子中有一些会让人觉得有些粗俗，在知识储备和学习技能上也比不上那些成天上补习班的孩子，但这些都是可以后天弥补的，根本不算什么大问题。

相比之下，培养出一个生命力顽强，人生态度积极，总是为大家着想，懂得体量和关心他人，性格温顺的孩子，才是最让人羡慕的。

而且，很多本领都是孩子在成长过程中实践所得，而我们常见的一些小孩子身上容易有的毛病，这些孩子身上都很少见到。

仔细思考一下，这些年轻的妈妈在学校时大概也没学过育儿（不是学不会）。这其实是人类、女性，特别是母亲的一种本能，或者说是生存能力。在这一点上，她们可能比一些善于思考的女性更厉害，不，应该说，本能一定会“获胜”。

在节目录制过程中，有一个让这些年轻妈妈向我提问的环节。跟其他人相比，她们的问题并没有什么特别之处，不过我和她们也会有沟通困难的时候。

比如有的时候，我的问题还没有回答完，刚刚还当众哭诉的年轻妈妈好像已经不那么烦恼了，感觉她其实并不很关注我的答案。

这与跟那些高学历的妈妈交谈完全不同。高学历的妈妈们往往在提问题之前，心中已经有了备选答案，她们的问题往往都是经过一番思考的。

高学历的妈妈心中有疑问时，首先会自己思考，可能还会到互联网上寻找答案，获得一些新的知识，再结合自己的认识解决问题。所以，她们的提问往往是查寻不到或是思考过程中产生的“新问题”。

而这里介绍的年轻妈妈们，都是想到什么就问什么，没什么准备，是本能的单纯提问。对她们而言，经济问题是最现实的问题，这多少会对孩子的未来有所影响。

而我们其实很清楚，遇到这种问题时，这些年轻女人一定会直面现实、积极乐观地应对，和她们年轻的老公一起努力，携手共渡难关。

另外，这些年轻女人中的大多数，小时候也都十分顽皮，她们根据自己独特的生活理念过好每一天。她们严厉地管教自己的孩子。孩子是否具有旺盛的生命力、良好的秩序感，是否具有同情心和温顺的性格，无不映射出父母的价值观。这些可以说正是育儿的出发点。

准备做高龄产妇的女人们，请你们计算一下，当你们孩子十几岁、二十几岁时，你们已经多大年纪了。

十几岁正好是孩子的青春期。是否顺利度过青春期，直接关系到孩子今后的整个人生。这是让孩子成为栋梁之材，形成正确人生观、价值观的关键时期。在孩子养成独立生存这一基本能力的关键时期，妈妈们一定要成为他们强大的后援团。

我24岁时生下了大儿子，生完之后依旧非常健康，气色也特别好，感觉生活得十分潇洒。

而且，育儿过程可以说是精神层次的再次修行与磨炼。因为孩子生得早，各方面恢复得都不错，53岁时，我还邀请了一些女性朋友参加“纪念初潮40周年”的聚会，朋友们都觉得很振奋。

当然，在养育孩子的过程中，我也会遇到在生理周期时，按捺不住性情急躁、言语粗鲁的情况，很是苦恼。

不过，我会直接跟孩子们说：“这几天妈妈的情绪会有点儿激动，比较易怒，你们不要做让妈妈生气的事啊。”我也会在那几天给自己放个小假，允许自己任性一下、懒惰一下。即使爸爸不在家，我跟孩子们也能相互理解、平心静气地度过每一天。

26

请保持让孩子“追之不及”的骄傲

当宝宝2岁左右的时候，他们智力发育的速度眼看着一下子就加快了。他们的进步就好像“神童”一样。

2岁以前，宝宝们即使学会了走路也还不太会说话，就算会说话了也还不能流畅地对话。这个阶段的孩子特别喜欢追着妈妈撒娇，认生，也不能老老实实地在椅子上坐着，偶尔还会故意给你找点儿麻烦。

但到了2岁左右的时候，孩子突然就变得不一样了，他们的眼睛变得更有神，吃饭也不用大人帮忙，并且开始尝试着自己用勺子甚至筷子吃饭了。

从这时起，每个孩子都开始显现出自己的性格特征。

因材施教的时候到了，父母要学会捕捉孩子的长处进行反复训练。需要注意的是，在教给孩子知识技能的同时，还要注重情感方面的教育，让他们既聪明又阳光。

要用孩子已经懂得的道理、领会的知识和掌握的技能去充实他们的心灵。

从2岁起，孩子就开始热衷于自己擅长的事情，眼神中透着专注，甚至连面部表情都发生了变化，不再是那个只会扮可爱的小宝宝了。

就这样，孩子开始学习一些零碎的小知识。从这个时候开始，家长就要辛苦了。孩子随时随地都会发问，时常会问出一些让人回答不出来的问题。孩子还有可能会突然大发脾气，搞得家长不知所措。

就算孩子是神童，家长也不能放松自己，要确保自己具有正确评价孩子的能力和知识储备，否则很难再帮助孩子取得新的进步。

当看到自己教出来的孩子在某方面取得进步时，我也会自满、会骄傲。每当这时，先生就会提醒我说："不好意思，你还告诫家长们不要这样，你怎么能这样呢？"

当然，我也会打趣地回应他："这个孩子可能比他父母聪明呢！"

这么说可能会有人不爱听，但事实就是这样的。

小明的爸爸，因为想让女儿继承家业，所以在她出生20天后就把她送到我这里上课。但是，他现在对我说："老师，女孩还是可爱、单纯一些更好吧？"

我只好回答："事已至此，太晚了。"

后来，小明的弟弟出生了。小明从小就被我系统地灌输了帝王学，弟弟出生后，她一定会产生危机感，会觉得这个弟弟是她的威胁。

但也不是完全没办法。

眼下的当务之急是尽快让小明知道自己要当姐姐的事。她自己会慢慢理解，逐渐调整好心态的。

“加代子婆婆，拜托您，再教我点儿别的东西吧！”

小明早已经不再天真可爱地跟我说“您好啊”，而是每天盯着我问“今天教我什么”。

小明的表情跟同龄的孩子相差太大了，完全像个大人一样。

不知道从什么时候开始，小明就再没有像小孩子一样放声大哭了。过不了多久，她父母的知识储备可能就赶不上她的节奏了。

所以，为了不被孩子赶超，请家长也加倍努力地学习吧。

为了纪念这孩子当上姐姐，我送给小明一个礼物——一个娃娃（取名叫“加代子”）。我听说，最近她一有不开心的事情，就喜欢把那个娃娃往天花板上抛，嘴里还念叨着“加代子笨蛋”。这真是好笑。

小明的这种行为是掌控不好自己情绪的表现，把对娃娃和对我的感情混淆在一起了。

每当小明抛娃娃的时候，她的心理状态是怎样的呢？这种行为应该是她独有的情感倾诉方式吧。

无论什么情况，大脑开发全面的孩子肯定更擅长学习书本知识。

所以，我决定，以后一段时间内先暂时不给小明做进一步的脑科学训练了。

27 请这样教孩子使用筷子的方法

某一天，我突然接到一个求助电话："京香不愿意在家里练习使用筷子，她还说'我要让加代子老师教我'。下次我把筷子带过去，拜托您了。"

这真是个让人头疼的问题。

京香小朋友因为难产，是中途改剖宫产出生的。她的小脸很瘦，细长细长的，像个"小火柴棍"，表情也不那么丰富，连哭声都弱弱的，所以到我这里接受训练。

我跟京香妈妈说，我们得增强这孩子的心肺功能，父母要注意让她多运动。

后来，京香刚开始学坐的时候，妈妈发现她的头总是向后仰，把头扶正就又仰过去，而且不会向前低头。

京香妈妈担心孩子会不会是有脑部疾病。我跟妈妈提了个建议："我有个办法，但可能有点儿麻烦，就是在教她说'早上好''您好啊'这样的话时，轻轻地推一推她的后脑勺，刺激她向前低头，直到学会为止。"

第二天起，京香妈妈和京香互相问好的时候，妈妈一定会轻推一下京香的头，迫使她向前低头。京香也很努力，尽量坚持更长的练习时间。两个人一起努力着。

经过3个月的努力，终于有了成效，京香已经学会向前低头的动作了。

从学习走路开始，京香表现得更加出色了。那时，我就打包票，这孩子一定是一个聪明伶俐的好孩子。

就是这样一个孩子，在学习用筷子这件事上却不让妈妈教，吵着要“让加代子老师教”。听到这话，我一点儿也高兴不起来。

对于孩子来讲，最应该尊敬的人必须是自己的父母。

所以，几天以后京香来上课的时候，我跟她说，我首先要教她妈妈正确使用筷子的方法。然后，我才跟她说：“京香，你妈妈的筷子已经用得非常好了，所以让妈妈教你吧。加代子老师是妈妈的老师，妈妈是京香的老师，所以你要认真听妈妈讲，好好练习使用筷子啊。”

“好的！”京香迅速地回答。

我的这些可爱的好孩子，我真想现在就看到你们长大到20岁[1]的样子啊！

1 在日本，20岁算成年。——编注

28

凭着无私的精神，妈妈的努力定会结出丰硕的果实

“无私”地为孙辈奉献余生，这种情况在现代社会已经很少见了。

这种“无私”是指约束自己的欲望，一心为别人的事情付出。

目前为止，这也是我一直遵循的人生态度。秉承着这种态度去教学和生活，我感觉十分受益，让我觉得人生非常精彩，就算到了临死的时候，也会对自己的人生很满足，理解并接受现实。

现在，我早已经从各种岗位上退休，工作、家庭、协助我先生工作以及养育孩子的使命我都完成了。

养育孙子当然是儿子的责任，我晚年要做的无私的事就是照顾好自己的父母，给他们养老送终了。

我从小就是个很有韧性的人，一旦决定了的事情，从行动上、语言上我都不会反抗的。为此，我父亲评价我是“悠闲懒散的人”，而我的母亲却说“没有比加代子更能吃苦的孩子了”。不过，辛苦归辛苦，我都不会抱怨，而且养成了自己解决问题的习惯。

不过，现在年纪大了，每天面对的这些小家伙都可以做我的第四代重孙了。厨房里的事我已经不管了，身体也开始出问题。

就像攀登陡坡一样，在精力充沛的时候，人必须不停地努力往上爬，争取达到新的高度。但上了年纪之后，身体各方面机能都开始走下坡路，体力明显跟不上。后面的腿刚抬起来往前迈步，前面的腿就支撑不住了。

看到有婴儿哭，我也不敢长时间地抱着哄了，因为这样的行为也变得危险。

以前，我总炫耀自己都这把年纪了，肌肉还很发达。可现在，我偶尔抱孩子抱多了，或是抱不太会配合、总是直挺着身体的问题宝宝，第二天都会肌肉僵硬、酸疼，有时还会辐射至腰椎，疼得动弹不得。每当这种时候，我都吃不下饭，人也越来越消瘦了。

为了练习，我每天要泡五六次澡，为的是让四肢在水压下做运动。

推拿按摩可以让我的身体恢复，但练习中肌肉会很疼，我知道这是练习起作用了。

写下这些文字时，我突然想起今天抱过的一个孩子的表情。这个在教室里哭得最惨的孩子，上完课后眼神柔和的表情闪现在我脑海里。为此，我忘记一切疼痛，感到的只有幸福。

如果能让那个孩子感悟到，一切努力都是为了他今后能更好地生活，那他妈妈应该会轻松很多。

当然，如果我直接插手帮助他会更快一点儿，但我没有这么做。

培养孩子这件事由孩子的妈妈亲自去做会更有意义。由我来教妈妈怎么做，由妈妈来具体实施：

- 妈妈亲力亲为，帮孩子改掉缺点，这很重要。
- 妈妈必须成为自己孩子最爱的人。
- 要相信，妈妈的努力一定会结出丰硕的果实。

话虽这么说，我却也经常提醒一些妈妈："别太委屈自己，不用太宠爱孩子。"无论你之前是否为孩子做出了许多牺牲，现在都请认真地反思一下吧。

第3章

120%开发孩子脑力的15条心得

29

会摔跤的孩子不会受重伤

过去，孩子总是腿上的旧伤还没好，就会再次跌到，又添新伤，如此反复，膝盖上总是布满了脏脏的伤疤。但是，这样的情况现在已经很少见了。

现在，很多孩子喜欢穿短裤外出，露出胖乎乎的小腿，但他们当中的大部分即使上了小学也不喜欢积极地运动。

因此，每当我看到穿着短裤的两三岁的孩子，我就会对家长说：“给他穿一条长裤，哪怕像睡裤那么薄都可以，让他们出去玩吧。”

跌倒的时候，哪怕是这一层薄布，都可以起到保护幼儿柔嫩肌肤的作用。

会摔跤的孩子，一般不会受重伤。

孩子在身体轻、个子小的年龄段，在与体重相符的行动中受伤，通过感知疼痛，可以渐渐摸索出如何轻巧摔跤的心得。

如果摔跤时孩子不果断地伸出双手撑住身体，容易受到强烈撞击，造成大出血的伤口，孩子会因此感到害怕。如果孩子害怕受伤，他就会自然地管住自己的身体，变得不爱运动。

有些幼儿到了三四岁，还时不时地受一些严重伤。伤势有时严重到会让大人心惊胆战，比如骨折或者需要缝合的皮外伤。而另外一些幼儿却不怎么爱运动，连太阳都不晒。这两类孩子都比较极端，妈妈们应该教给他们积极运动的正确方法，或者提前把孩子送到幼儿园，也可以参加运动俱乐部，帮助他们练习身体的协调性。

运动协调性好的孩子也会受伤，但他们通常能在千钧一发之际做出本能防御，避免严重的伤情出现，因为他们已经建立了良好的条件反射。

我非常推崇"晕船游戏"（向一个方向快速地原地转圈，然后站住不动）"天桥立石头剪刀布"[1]"闭着眼睛翻跟头再站起来"等游戏。这些游戏对于我这个大人来说，都是一种很好的运动，所以家长可以和孩子一起玩，一直玩到晕头转向为止。

有些育儿书中写着"孩子跌倒后，大人不要帮忙扶起来"。但这样做的前提条件是，大人已经教给孩子如何灵巧跌倒

1 在这儿给大家介绍一个我自创的游戏，"天桥立石头剪刀布"。进行游戏时，两个人背靠背站立，屁股顶着屁股，用"胯下观"的姿势进行猜拳。天桥立是日本三景之一，位于京都府。据说，站在沙洲南端的飞龙观或北端的伞松公园的丘陵上，游客背对风景，弯下腰，从自己的胯间倒望过去，绵延的沙洲就像是一条向天上斜伸而去的桥梁，因此得名"天桥立"。而"胯下观"也成为当地的观景习俗。——原注

的方法。

如果看到孩子重重摔了一跤，家长应该立刻把他扶起来进行安抚。在疼痛尚有些余存的时候，家长告诉孩子摔倒的时候要“伸手撑一下”或者“身体顺着摔跤的方向再打个滚”等，最好能手把手教给孩子灵活的摔跤方式。

总之，让孩子做一些能够掌握平衡的游戏，教给他们两手迅速前伸、身体缩成一团、灵巧躲避撞击力的摔跤方法，都可以增加他们身体的灵活性。

在孩子还没有掌握灵巧的摔跤方式之前，我认为最好让他们穿长裤外出。

我的两个儿子，一直到小学低年级阶段，都穿长裤外出。另外，我认为，即使是男生，头发多少也能起到保护头部的作用，所以从来不给他们剃光头，尽量留长。

30

只需要教给孩子在“争吵”中脱身的时机

最近，兄弟姐妹间吵吵闹闹的热闹家庭逐渐变少，取而代之的是独生子女家庭——孩子一个人没法吵架。

我个人认为，幼儿间的争吵是成长过程中不可缺少的内容。如果家里没有合适的吵闹对象，请让孩子结交一些年龄相仿的朋友。3岁以下的幼儿交往时，双方的妈妈如果也志同道合的话，可以结成亲子朋友，这样孩子之间的争吵就可以不分对错，彼此容忍了。

我教育儿子说："发生争执的时候可以动手，但是不能咬人，更不能用指甲抓挠。"

对方孩子在争执中受伤，肯定会遇到家长找上门来责骂的情况。看到人家孩子的伤口鲜血直流，还有着清晰的牙印，家长首先要向对方道歉。

打架受伤未必是一件坏事，即使伤口可以很快痊愈，被拳头用力殴打的撞击感和火辣辣的疼痛感却刻骨铭心。

家长要让孩子知道打架是毫无意义的，也要试着把孩子间发泄情绪的打架行为看作正常现象。但事情过后家长一定要引导孩子冷静地看清自己，这一点非常重要。

我提倡赤手空拳的打架，但绝对禁止用指甲、牙齿或者工具进行打斗。

一次，我的长子跟邻居家一个非常任性的小孩打完架回到家。那个小孩的妈妈立刻就带着脸上挂彩、哭哭啼啼的孩子来我家敲门责骂，一定要我儿子道歉。我也没有客气，一股脑儿地对那位母亲说：“您儿子是被我儿子骗过去打的吗？他有没有告诉您，在我儿子没有还手的情况下，他还打了我儿子？如果是这样的话，您的教育方式和您儿子自身的问题还有什么分别？”我坚持没让儿子道歉，因为儿子脸上的三道抓痕就是证据，我只是说出了事情的真相。

我总在儿子打架时告诉他，“不要先动手”“只有弱者才喜欢找碴儿打架，你是强者，所以你可以忍耐”。

我外出时，相差5岁的兄弟俩打了一架。回到家后，打架的痕迹一目了然，因为弟弟的伤口暴露了一切。但两个人都闭口不提打架的事情，而且弟弟还跟帮助他处理伤口并贴上创可贴的哥哥一起开心地玩耍着，完全不给我说上几句的机会。

教会孩子在争吵中脱身的最佳时机，非常重要。

小狗打架时，打不过就把肚子朝上，或停止攻击，用哀叫声表示认输。孩子也是，家长要教给他们一些打架的小窍门，比如“当对方的攻击行为明显减少时，你也要后退一步静观其变”“对方一边哭一边冲过来的时候，可以看准时机喊停”等。不过，这些最好由父亲传授给孩子，而不是母亲。

无论是互相捉弄还是打架，孩子从小就要学会如何把握脱身的时机。打架的起因各种各样，但脱身的时机则由胜者决定。

如果孩子打架时，能量过度爆发导致场面失控，或者打架时间拖得太久，就需要大人出面进行良心裁决了。

家长只需要用“慢点儿”“友善点儿”等可以缓解孩子兴奋情绪的话语来停止“战争”，无须询问打架的原因，更不要妄自评判输赢。

如果打架双方仍然各执己见，丝毫不肯做出让步，家长可以强行进行判决，但无论哪种解决方案都不可能让双方全满意。如果到了家长不插手就停不下来的地步，这种打架就是单纯的暴力了，孩子必须受到惩罚。因为此时，就算用“吃点心”来哄他们，也无济于事了。

31

控制孩子坏脾气的方法

有时候，孩子会气鼓鼓地拼命想要表达什么，却又什么都说不出来。此时，尽管他们想立刻把生气的原因告诉家长，却怎么也说不清楚，最终急得哇哇大哭起来。这种情感一旦爆发，笨拙的语言表达只会让孩子更加急躁。

如果家长说“你到底想说什么”“你这样一直哭，我们也搞不明白为什么呀”之类的话，会让孩子哭得更厉害。相信家长最头痛这种聒噪的哭声了吧？

我以前也很烦这种聒噪的哭声。但我后来试着认真反省了一下，如果在日常闲暇时间，比如看电视或喝茶的时候，我就可以比较从容地应对孩子的哭闹；相反，如果恰巧在厨房里忙碌，我通常会对孩子的哭闹置之不理。

我后来注意到，在前者的场合下，孩子的情绪很快就能平复下来；在后者的场合下，就算我停下手里的活儿，弯下腰来认真询问，也很难让孩子止住哭声。

因此，我有时间的话，就会先告诉孩子“你先不要哭”“你要是边哭边说，我是不会听的”。即使孩子停止了大声哭闹，可以边抽泣边诉说原因，我也会让他“再平静一下”，然后再说话。

就这样，不分时间和场合，我每次都能专心应对，儿子们的暴脾气渐渐消失了。有时也会遇到这样的情况，好不容易止住了哭声，一说话又哭起来——这样反复的话，我就要了解一下孩子心中苦闷的原因了。通过询问事情的起因，可以了解孩子内心的真实想法。

即使不是什么大不了的事情，孩子也会有心情不好、控制不住情绪的时候。家长必须认真思考，孩子这种表现究竟是本身任性的性格所致，还是因为某种没有说出口的原因。

所谓的“自己的事情自己做”，不单单指让孩子自己换衣服、饭后自己收拾餐具等，还包括教孩子管控自己的情绪。

不论有多大的怒气，只要妈妈安慰一句“好了、好了”，就会对孩子尽快甩掉郁闷、悲伤的情绪有很大帮助。

如果家长有时候觉得孩子唠唠叨叨、爱发牢骚，给人一种懦弱的感觉，同样可以通过情感教育帮他改善。

家长千万不要为了压制住孩子任性的情绪，而和孩子一样捶胸顿足、大喊大叫。

不过，话虽这么说，但孩子的过分吵闹，通常也会让家长变得异常烦躁。如果孩子总是哭个没完、发泄不满，即使孩子是自己生、自己养的，也会觉得很可恨。

孩子哭闹时正是展现父母精神修养的时刻。

家长哪怕无数次在心中劝说自己，不要受孩子的影响、要冷静处理，却也极易在孩子的哭闹声中失去理智。

我认为，父母身上的一些缺点，极有可能对孩子的性格养成造成不良影响。当孩子遇到问题时，父母需要耐心倾听，而不是随意下结论说“你这样做不对”，多对孩子说些“你已经很努力了”之类安慰的话语，表示对他的肯定，这才是正确的沟通方式。

32

鼓励孩子鼓起勇气从高处跳下

“扑通、扑通”，混凝土台阶响声大作。住在四楼的我，感觉声音是从楼下传来的，于是出门去看个究竟。原来是两名4岁的男孩、一名6岁的女孩和一名6岁的男孩，轮流从两级或三级台阶上往下跳。

之所以发出“扑通”的声音，是因为孩子们跳下后两脚全脚掌着地，好像直直地砸下来一样。

这声音在我的大脑中激荡着，想必孩子们全身包括头部也都被这个巨响声激荡着吧。

孩子特别喜欢从高处往下跳，一遍又一遍，乐此不疲。其中一个4岁的孩子终于可以一下跳两级台阶了，于是开始挑战三级台阶。但因为太高，他有些害怕，最终也没有跳下来。

所谓拥有从高处跳下的勇气，需要先进行某种程度的预测，看能否忽略心中因未知所产生的不安而做出决断。

要以身体的摆动为契机，瞬间迸发出起跳的意志。瞬间行为是不经大脑思考就完成的身体运动，就像事先编好的程序，打开开关就冲了出去。

对于幼儿来说，这需要超乎寻常的决断力。从高处往下跳的时候，犹豫的时间越长，就越不敢往下跳。

没有不计后果、向前冲的勇气，是无法完成从高处跳下的。

这个4岁的孩子，被一级仅20厘米高的台阶吓到了。

我对年龄大一点儿的孩子说：“你们的跳跃方法不对。”首先应该脚尖着地。起跳前先踮起脚后跟，上下摆动双臂，练习几组弹跳之后再起跳。我一边说“像这样前脚掌先着地”，一边跳下一级台阶给孩子们做示范。

“怎么样，听一下落地的声音。婆婆落地时几乎没有声响吧？你们落地时的动静太大了。”“练习好之后可以试着多跳一级台阶。”说完我就回家了。我故意没有专门去教那两个4岁的孩子。

事后，其中一位4岁的孩子见到我说：“婆婆，我可以一下子跳四级台阶了。”我问他：“是按照婆婆教给你们的方法跳的吗？”并让他立刻跳给我看。

只见他稳稳地用脚尖着地，而且为避免身体后仰头部着地，身体还微微前倾着，保持站立不倒的姿势，动作非常完美。

我对他说：“没有大人看着，自己可不能从四级台阶上跳下来啊。”他也非常痛快地点头答应。

想必他私下进行了很刻苦的练习吧。

对于孩子来说，拥有从高处跳下来的勇气非常重要，但也要注重方法。“扑通”一声重重落地是不行的。

内心的“恐惧”加上身体上的“不适”，会阻碍孩子向更高的地方挑战。我可不能看着孩子们勇于挑战新事物的冒险精神就这么消失。

33

训练非惯用手的感觉

幼儿虽然已经初步形成惯用手与非惯用手，但并不像大人那样，左右手的灵活程度有明显区别，因为他们的两只手都不是那么灵活。

我并非想让孩子通过练习，左右手变得同样灵活，但如果两只手的优劣特别明显的话，会给许多手工作业带来不便。我只是不希望孩子们的非惯用手什么都做不了。

首先，为了缩小两只手在用力方式和抓握能力上的差别，要同时锻炼两侧手腕和肩部的肌肉力量。

提重物时，左右手间隔相同的时间交替提。在这里，我强烈推荐孩子们去做一些必须左右手同时用力的运动，比如单杠、跳绳等。

日常生活中，人们会不由自主地使用惯用手，于是惯用手越来越灵活，两只手的差距自然也越来越大。

为防止左右手差别过大，尽量避免单手作业或运动。当我的儿子只使用惯用手的时候，我会不厌其烦地提醒他们注意，要连同非惯用手一起使用。

拿筷子夹食物时，非惯用手帮助扶碗，对食物是否会洒在外面起到至关重要的作用。搭积木也一样，一只手扶着积木，一

只手往上搭，积木倒塌的概率会小很多。

让左右手同样灵活，都变成惯用手，或许可以通过练习实现。但也要充分认识到两只手有各自不同的分工，否则在手变灵活之前，神经可能会先罢工。

通过刻苦努力，可以让左右手的差别变小，但想训练双手无差别地进行各种作业，拥有双惯用手并不是一件简单的事情。

我们可以更好地了解并训练非惯用手的协作性，比如用剪刀剪纸时，非惯用手的协助非常重要。

家长要经常提醒孩子不要单手作业，根据自家孩子情况在他身上找到开发非惯用手的方法，随时随地注意左右手的配合。

特别是在使用工具的时候，比如用蜡笔画画时，即使是单手作画，也要提醒孩子另一只手要扶住画纸。

惯用手的灵巧度取决于练习的程度，而非惯用手的灵巧度则来源于经验和技巧。

两只手都经常使用的幼儿，可以体会到非惯用手的感觉。在非惯用手的辅助下，惯用手会变得越来越灵活，可以进行许多精密的手工作业。

经常活动手部，大脑也会变得更灵活。妈妈们肯定体会更深，双手的灵巧度会对日常生活产生很大的影响。

为了孩子的未来，一定要从小锻炼孩子双手的灵活度。因为成年后，想让双手变得灵活，即使进行艰苦的训练，所收到的效果也很小了。

对于初次接触的工具，可以让幼儿自己开发研究，这样可以更好地促进惯用手与非惯用手之间的合作，使身体更加灵活。

34

锻炼手指的灵活度

孩子和爸爸一起玩“拇指摔跤”[1]游戏时，爸爸要跟孩子一起数数，在数到10之前一直把孩子的拇指压在下面才算获胜。根据孩子的年龄不同，可以适当地做出让步，规定5声或者3声之内一直把爸爸拇指压下去就算获胜。

孩子会拼命想办法压住爸爸的大拇指，获得游戏胜利。一旦把对方的拇指压住，他们就会兴奋得像机关枪一样“哒哒哒哒”地数个没完。

用手指尖去捏东西是一件很难的事情，而“拇指摔跤”游戏刚好可以让孩子练习指尖发力的技巧，可以作为手部精细动作的基础训练。

拇指不要用力，其他手指用力握紧，拼命让拇指尖在对方手中立起。如果不综合考虑力量的分配，是无法在拇指摔跤游戏中获胜的。

先让手指处于放松状态，迷惑对手使其放松警惕，然后找准时机瞬间发力，把对手的拇指压住。孩子们很难记住这种知识性的战术，需要家长手把手地教授，让孩子在实践中掌握要领。

1　拇指摔跤的游戏规则是，游戏参与者伸出各自的右手，手心贴手心，四指相扣并弯曲，各自的大拇指可以自由地左右上下活动。双方一起数数，在规定的数字内，看谁先把对方的大拇指摁在下方就算赢。——译注

孩子在玩小部件的积木（比如乐高），想要拆除一些小积木时，手指完全使不上劲儿，只好借助牙齿的力量往外拔。

遇到这种情况，家长一定要严厉地制止，可以对孩子说：“无论如何都拔不下来的话，妈妈可以帮忙，不过你要多练习用手指向外拔的动作呀。”我会有意识地给孩子们进行一些增强手指灵活度的训练，但稍不注意，他们就会用嘴或牙齿来帮忙。

为了让孩子多练习手指的灵巧度，家长千万要提醒他们不能用嘴或牙齿。

要让孩子知道，这些都是训练手部灵活度的游戏，训练中偶尔失败是在所难免的。

孩子在做自己喜欢的事情时，会令人吃惊地沉迷其中，家长可以结合这一特点进行训练。

尽可能在幼年时期训练孩子的手指灵活度。通过对手指运动的应用和发展，让双手更好地服务于我们的生活。

幼年时期，孩子的嘴或牙齿比手更有力气，注意不要让他们用嘴代替手的职能。

婴儿时期，当孩子能用小指尖提起小物体时，训练他只用一根手指发力，让小物体在大物体中平稳挪动，这是一项非常好的手指运动。

在一旁观看孩子玩耍的家长可以时不时地做些提醒。这项手指的基本运动，对于训练手指的灵巧度至关重要。

经过训练，即使上学后孩子握铅笔或拿筷子的方法不对，只要跟他示范一下，“你看，要这样拿”，他就能很快学会正确的抓握方法。这样训练下来，孩子手指的灵巧度上小学之后就会显现出来。

幼年时期手指可以灵活运动的人，很少会在成年后变笨拙。但幼年时期手指不灵活的人，大部分成年后依然不灵活。

手指训练开始得越早越好，熟能生巧，手指必然会变得灵活。

我们要做的是，帮助孩子在幼儿时期就打好基础。

35

教孩子认清刀具的危险性和便利性

我的大儿子上中学时，带着割草的镰刀去上学。一位刚刚从城里搬来、孩子上小学的妈妈看到后对我说：“呀，太危险了，怎么能让他拿镰刀呢！”

我们当时居住的爱知县犬山市郊外，有很多农田和草地，一到夏天，上学的道路就会被杂草覆盖。上中学后，孩子们就要接受割草训练，多数孩子都有随身携带镰刀的经验。

如果是第一次携带锋利刀具的话，以中学生的腕力，一旦被刀割伤将会引起严重后果，说不定手指都会被砍断。

但我儿子早就可以熟练地使用这些刀具了，所以我丝毫都不觉得会有危险。如果说因为不留神而划伤身体，那就算大人也在所难免。

究竟孩子多大可以携带刀具，携带什么类型的刀具，这是因人而异的。

当孩子开始对手工或者制作感兴趣时，他就会伸手跟大人要剪刀或刀子，并说：“我也来试试。”这时，大人需要准备一把锋利的剪刀，把着孩子的手，教他如何使用。

就算不用力，锋利的刀具也可以割破东西，所以要告诉孩子，如果被刀具划伤会非常疼，时刻提醒他“刀子很锋利，一定要小心”，让他了解拿刀的危险性，懂得用刀的方式。用刀的过程中，大人一定要陪在孩子身旁帮他一起拿。

要教给孩子使用刀具的技巧，如果孩子使用蛮力切东西的话，是无法体会刀刃微妙的触感的。

另外，孩子必须在获得父母许可的情况下携带或使用刀具。同时，父母要跟孩子说“用剪刀的时候，要告诉妈妈”，严禁孩子擅自使用刀具。

不仅要留意孩子握剪刀或刀子的手的位置，还要留意另一只手的位置，让孩子稳稳地剪下去。并且，家长还要告诉孩子，纸一旦被剪开，就无法复原，以及剪开后会变成什么样子。家长可以一边询问孩子“确定就剪这儿吗”，跟他强调剪完之后无法恢复的事实，一边让他剪。每一剪都要多次提醒后，再让孩子落剪。

哪怕孩子不小心伤到皮肤，因为父母在身边看着，伤势也不会太严重。即使有少量出血，父母在身旁也可以立即帮助处理。

被锋利的刀具划伤，不要从上方直接按压伤口，要捏住周围的皮肤，让伤口聚拢起来，一直固定到止血为止。家长一边捏住伤口，一边跟孩子说“如果可以承受，就忍住别哭”，还可以让孩子反复回想一下失败的原因。

孩子一定要在家长的注视下才能使用刀具。熟练后，家长可以只在旁边“轻松”观看，教会孩子如何稳稳地握刀、如何平衡力气等。

使用刀具时，人必须根据刀具的锋利程度用力，所以应该让孩子使用稍一用力就可以切断物体的刀具。千万不要一开始就让孩子使用大人用起来也很钝的剪刀或刀具。

要同时教孩子认清刀具的危险性和便利性。而且，教这些内容时家长必须陪在孩子身边。

不要用一些钝到不会造成伤害的剪刀作为孩子使用刀具的训练用品。

特别要提醒孩子注意，别用刀具划伤别人；因为刀具非常锋利，所以不能随意放置；把刀子递给别人时不要刀刃朝外等。这些事情都要教给孩子。

36 这样教授孩子写字的方法

我曾经教过4名学龄前孩子学写字。

这些孩子每一位都个性鲜明，超出同龄人正常水平，知晓很多道理。他们的父母受教育水平都很高，给予了他们充分的知识性刺激。这些孩子认识所有的平假名[1]，也大致会书写。

我的工作，是教会他们如何正确书写已经认识的字。

在上课的过程中，我注意到一些不可思议的事情。无论哪个孩子，他们都有无论如何也写不好的字，而且有些很难纠正的小怪癖。

这些怎么也写不好的字，正是他们自己的名字。

这到底是怎么回事呢？

我认为，无论是谁，只要学写字，首先都会学写自己的名字。父母肯定会对第一次把自己的名字拼写出来、得意扬扬的孩子大加赞赏吧。

无论书写的形状有多奇怪，即使不完全是字的形状，只要看起来很像，家长就会夸奖孩子吧？哪怕孩子书写的笔画大多过大或过长，但只要能看得过去，就会得到家长的认可。

越是过早学会书写自己姓名的孩子，字形就越奇怪，很难

1 平假名，日本表音文字的一种，作用有些类似于汉语拼音。——译注

纠正。

手还不够灵活，连小小的圆都画不好，这样的孩子可以写字，必然会得到大人的认可。

我认为，父母最好不要刻意教小孩子写字。

孩子对字感兴趣，可用不灵巧的手写出来的字，有时候只有父母能看得懂，我并不认可这种行为。

最好这样对孩子说："因为我是你妈妈，所以能看懂你写的字。你需要好好练习书写，写出大家都能看懂的字才行哦。"

比如，有三个点的字必须认真书写三个点，而不能连在一起；两个竖并排的时候，并不是紧贴在一起的两条竖线。这些都需要注意。

如果无论如何都写不好的话，可以改为练习折纸或者绘画，但也要跟孩子说清楚："可以先不用学习写字，以后也能写得很好。"

否则，孩子好不容易写出了自己觉得满意的字，却依然被挑毛病，那就不好了。家长可以这样鼓励孩子："如果只会写这几个字，那就模仿这个字帖多加练习，很快就能写好的。"

在只会书写形状奇怪的字的阶段，最好还是先不要学写字。

上学前，我儿子能够很好地掌握书写比例，用绘画的方式书写，可以把公共汽车的目的地、经常看到的招牌上的字，以大家都能看懂的形式书写出来。即便这样我也没有让他学写平假名，入学前一两个月他才开始学习书写一年级小学生必读的汉字。

上学后，我让儿子自己看着卡片临摹，注意书写比例，连一个点都不能马虎，直到他可以正确区别使用各个笔画。他一鼓作气，书写出的字体绝不逊于很早就学会写字的孩子。

37

如何锻炼孩子“对气味的感知”

父母通常希望孩子比自己聪明，掌握自己都不具备的思考能力。然而，既然父母自己都做不到，自然无法培养出比自己更聪明的孩子。

我只把自己通过知识运用而理解的内容传授给孩子，让他作为感觉来领会，所以从孩子出生起，我就一直努力地锻炼他的感知。

“对气味的感知”便是其中之一。

每当孩子来到厨房，我就会跟他说：“猜猜妈妈今天做了什么菜？”“知道妈妈刚才在切什么吗？”“香味儿要跑掉了，快盖上盖子。”

让孩子对食物和饭菜感兴趣的同时，孩子还会留意气味。

让孩子留意饭菜的味道还可以使他了解食材的搭配，“这个调味料不是很搭啊”“在煮鸡蛋上撒点儿辣椒粉”。慢慢地，孩子就可以说出自己的喜好，或想出一些做饭的新主意。

与我出生的20世纪三四十年代相比，现代社会中，不仅仅是气味，就连声音以及映入眼帘的物品，无论在数量上还是质量上都有了极大的提高。

我的儿子们生下来就接受电视的“洗礼”，后来就开始看彩电或电脑的画面。如此这般，感知的接触变得多种多样，所以必须引导他们进行相应的表达。

现在的孩子，特别是小学高年级的孩子，我注意到他们说话时，往往“心里明白，但却不知该如何准确地表达出来”——无法整理复杂的脑部运动。究竟该用哪条大脑回路上的内容来表达，他们好像没能掌握要领，表现为无逻辑的口吃。

父母只把自己了解的内容教授给孩子，这一点非常重要。父母不会的本领，必须让孩子自己去开发。父母要反复对孩子说“这是父母通过感知而领悟到的东西”。

嗅觉等一些复杂的化合反应，只能依靠孩子自己去开发。

父母不要直接将味道定义为“臭味”或“香味”，而是要教会幼儿识别各种物体散发的气味。比如，孩子来到厨房，闻到“洋葱加牛肉”这种混合的气味后，问我：“妈妈今天做的汉堡肉吗？”

“非常抱歉，是炸肉丸子哦。”

多和孩子进行这样的对话，通过气味判断食材，再通过食材想象出制作的菜肴，孩子渐渐地就能学会如何进行语言表达了。

另外，如果让孩子用心锻炼流畅的语言表达，他就会明白如何感知无形的事物。

“好讨厌鸡肉，气味太难闻了。”家长不要根据自己的喜好谈论气味。

“加入这个调味料，就会盖住鸡肉的香味吧？”

“妈妈很喜欢这个味道，你呢？”

请这样跟孩子对话。父母一旦说出“讨厌”这个词，对话就会戛然而止。

“讨厌”“不喜欢”都是一些充满消极意义的词语。要知道，对幼儿来说，母亲可是绝对的权威。

38

在自然中训练孩子的立体感

在养育自己儿子的过程中，我从未思考过如何训练孩子的立体感。但是，通过观察附近小学生的日常生活，我发现孩子们视觉上开始出现一些奇怪的问题，这让我大吃一惊。

我打开鸡蛋的包装盒，发现一枚鸡蛋的蛋壳上有个小小的裂痕。

于是，我就把这枚鸡蛋小头冲上放置，以便与其他鸡蛋区分开来。然后，我开始和一个自愿帮忙的小学生做煎鸡蛋。

我对这个孩子说："有个小头冲上的鸡蛋，因为蛋壳有点儿裂痕，所以先打这个鸡蛋吧。"从鸡蛋盒里露出一半的鸡蛋，我只需扫上一眼就能区分出哪些是小头冲上，哪些是大头冲上。这个孩子却盯着鸡蛋盒看了好长时间，终于通过蛋壳上裂痕的明暗差别，找出了那枚鸡蛋。

我之前就怀疑过这个孩子"是否能清晰地看到物体"，因此对他可疑的视觉能力格外留意。

我对他进行了许多测试，因为焦距问题，他始终难以区分纵深处和眼前的物体，好像看不出立体的事物。

我也对其他幼儿进行了相同的测试，有类似情况的孩子好像大多都不擅长运动。3岁幼童轻易就能分辨的东西，3年级的小学生却分辨不出，这种情况也有。

儿子看电视的时候，我要求他们必须“离电视远一点儿，要保持3米远”“长时间看近距离的东西时，隔一段时间就要看看远处”。除此之外，我还经常测试他们的视力，直到认为他们拥有正常的视力为止。

孩子只在狭小的家中活动，通过看书或看电视来获得视觉刺激，无法锻炼眼睛迅速锁定移动物体的能力，也无法锻炼广阔的视野。

孩子要不断学习通过颜色与明暗的差异来认知立体感。有限的体验，无法帮助孩子有条理地进行认知与判别。

有家长认为，由于通过绘画可以建立立体感，所以让孩子观看电视里的影像也可以获得相同的效果，但电视影像毕竟不是真实的物体。

让孩子观察真正的鸟儿停在树枝上，观察那根树枝所在的位置，孩子的视觉是否可以区分位置的远近，这是家长必须重视的问题。视觉传感器的失常，是无法用语言表达出来的。因为视力受限的孩子，无法用语言表达他看不到的世界。

前文中提到的这个孩子，确实表现出许多怪异的行为。一起跑步时，直接跑向终点的路线，与他慢慢走到终点的路线，会有一个大大的弯曲交叉，即使对他说“认真看着前方”，也不见起色。

写生绘画时，这个孩子也有画不出来的东西。简单的一个茶叶筒，或者小茶壶的边缘，他都无法画出流畅的线条。并非他的画技不好，我平时画的平面图，他就可以临摹得很好。

从婴儿可以逐渐看到眼前的小小尘埃开始，就要让他多看看大自然，多看看开阔的空间，多看看远方，这一点至关重要。

39

培养孩子能够迅速辨认触碰到的物体

黏滑的感觉，是婴幼儿比较喜欢的一种触感。

回想起儿子们在沙坑玩泥巴，每天都要往沙子里倒水。为了增强沙子的黏着力，他们还要从别的地方找些泥土混合，练习出了可以媲美泥瓦匠的技能。

儿子们一旦沉迷于这个游戏，就会废寝忘食。从开始筑城堡，到建造周边的堤防……让孩子们尽情地玩泥巴吧。

教孩子正确的折纸方法时，与其让孩子“好好看着”、通过眼睛观摩折叠方法，不如让孩子通过触感来判断折叠方法，看他能否用非惯用手的食指或拇指指尖进行精准折叠。刚开始，孩子可能要花费些时间，一旦掌握了要领，就可以迅速准确地进行判别。

这对锻炼手指灵活性也起到重要作用。通过手指触摸感受细微的差别，比用眼睛观察更为准确。我发现，可以利用很多游戏中的触感进行训练。

比如，拼图游戏。右手将一块拼图拼上，左手拿着另一块拼图想“这块儿放在哪儿合适呢”。孩子无数次用眼睛去探寻合适的位置，好像已经厌倦了这个谜题。如果像正月里玩福笑游戏[1]的多福女那样，闭上眼睛玩拼图，就能体验到一种前所未有的乐趣，还可以通过这个游戏来锻炼指尖的触感。

我认为，孩子能够迅速辨认触碰到的物体，是一项非常重要的生存技能。所以，每当儿子在用手去触摸、感受某样东西时，明知道再继续下去可能会给我找麻烦，但大多数情况下我还是默许了。

儿子用指尖抓挠玻璃，发出“吱吱”的声音，我听到后用手捂住耳朵做出一脸痛苦的表情。儿子看到我的样子觉得非常有趣，开始更加起劲儿地挠玻璃。

经过无数次抓挠，儿子逐渐熟练掌握指尖的力度和角度。在这个过程中，他还知道了妈妈讨厌的声音，也捕捉到自己讨厌的声音。

蒙上眼睛、通过双手触摸来猜测物品的游戏，也是锻炼手部触觉的有效方法。

大孩子可以玩在后背写字的游戏。如果是幼儿的话，可以让他用手指用力按压妈妈的后背，让妈妈猜他用了几根手指按

1　日本过元旦时会玩的经典游戏之一。游戏规则是，蒙上眼睛，在只画出女人脸（多福女）轮廓的纸上，贴上另制的眉、眼、鼻、口，比赛谁贴得巧拙，以其滑稽相来取乐。——译注

压，或者是用哪根手指按压。

通过位置的间隔，妈妈可以大体猜测出孩子是用哪几根手指进行按压的。因为不想让妈妈猜中，孩子就会多花些心思，故意把手指叉开很远来按压，或者拇指轻轻按、小指用力按，有时还故意把手指头集中在一起轻轻地按，等等。妈妈可以边玩边说“哇，按得这么有劲儿，一定是拇指吧”，借机引导孩子学会迷惑对手感觉的方法。

虽然触觉无法拿出来直接进行评测，但一旦拥有灵敏的触觉，不仅可以轻松应对许多工作，还可以让孩子在感知危险和不安定因素方面优于常人。

我认为，人类对气味和触觉的灵敏度，都与所谓的第六感相通，所以无论如何，都希望孩子能具备这方面的灵敏感知。

儿子们经常早上已经醒来了，却还赖在床上不起来，但他们可以感知到深夜极其微小的地震。我认为这一定跟他们灵敏的触觉和平衡感密不可分。

40

培养孩子健全的竞争心

当孩子们在一起玩抽鬼牌或扑克牌等非常有趣的游戏时，通常都是以低龄孩子的失败而告终。其实，体验输掉比赛的痛苦和遗憾，是一种非常好的刺激，这一点年长的孩子体会得就少些。

虽然父母尽量想和自己孩子的水平看齐，但还是会留下痕迹。

年幼的孩子所处的环境，会很自然地让他们从多方面了解到自己的幼稚与不成熟。这个环境中充满了磨炼上进心的刺激因素，因此要好好加以利用。

年幼的孩子通常都不会去思考是因为自己年龄小所以才不会做某些事情。他们会认为，好多事情做不到是因为自己手太小、个子太矮。事实上，大多数情况下，他们根本不明白年长的孩子可以做到的事情，自己为什么做不到。

偶尔，年龄小的孩子也会比哥哥唱得更好，比其他孩子更快解出谜题。这样，他们会渐渐地发现自己可以做成的事情越来越多，也就不甘心落后于年长的孩子或其他人，不甘心输给别人了。

不要总是安慰孩子说“你还小，所以做不好”，而应该鼓励他们振作起来。

“姐姐和你一样大的时候，还做不好呢。你比姐姐做得好多了。加油，多做几次试试吧！”

“这可不是一两天就能学会的事情，一定要多加练习。不过，你已经越来越熟练了呢。”

请这样鼓励孩子。这是一个让孩子明白“必须挑战自我”的绝佳机会。

如果家中没有兄弟姐妹，在孩子可以与同龄人一起玩耍之前，家长可以来充当孩子的竞争对手。但是，父母要注意，千万不要为了迎合年幼的孩子而故意降低自己的水平。

可以和孩子一起玩的游戏非常多，就连比赛喊出“啊——”的音，看谁拖的时间长，都很有意思呢。当然，在游戏中可以适当给孩子一些提示，比如玩“石头、剪刀、布”猜拳游戏时，可以跟孩子说“可不能只出‘石头’哦”；玩抽鬼牌游戏时，可以适时地提示孩子说“就剩两张了，想想看哪张是鬼牌呢”；等等。

另外，还可以规定孩子先抽牌或先下棋等让步措施，这样父母就可以在比赛中尽全力竞争了。

父母自己获胜时一定要表现出兴高采烈的样子，失败了就要流露出遗憾的情绪。

“总让你先开始的话，我就太吃亏了，下次咱们抓阄来决定谁先开始吧。”在比赛开始前就“让步”问题和孩子讨价还价，比进行一场一眼就能看出胜负的比赛有意思多了。

我认为，比赛时，父母最好把自己最真实的一面展现给孩子，时不时说一句“我怎么可能输给你呢”，让孩子看到这种态度。

孩子好不容易记住了一张纸牌，就会紧紧捏住说“这张是我的”，不让其他孩子来拿，这样是决不允许的。家长可以瞄准这张纸牌，拿到后说“这张纸牌大家可是都记住了哟”，向孩子发出挑战。

在游戏中还要注意培养孩子的意识，比如文字类游戏中，孩子要牢牢记住文字，认真区分语句，必须了解在众多文字中把两个文字联系起来的条件（颜色、图案、空间）等。输了之后，孩子往往会越想越懊恼，这样便在不知不觉中培养了孩子越挫越勇的积极性。

41

让孩子掌握“3分钟时间长度”的训练法

对于“时间”的感知，与对“气味”的感知一样，让孩子在3~5岁之间掌握，效果最好。

我使用沙漏或秒表，调教孩子“尽可能正确了解3分钟时间的长度”。

之所以把时间限定为“3分钟”，是因为当孩子在日常生活中做一些自己并不情愿、被家长强迫的义务劳动时，比如洗脸、收拾整理、帮助大人等，如果仅仅需要花费3分钟时间，孩子还不至于产生厌烦情绪，不会觉得时间过于冗长。

针对孩子的自身情况，家长可以适当延长或缩短时间。

并不是让孩子一直盯着钟表来测量“3分钟”时间的长度。比如，在吃饭过程中，如果孩子自己感觉已经过了3分钟，就告诉他“你去看一下沙漏吧”；或者问他“你在收拾玩具的过程中，还记得沙漏被上下翻转过几次吗”“3分钟后，浴缸里的水变成多少了，你能去看一眼吗”……以这样的方式让孩子感知时间的长短。

为了让孩子学会在做其他事情的同时，正确感知时间的流逝，家长要经常拿出“秒表”，让孩子掌握这个时间小单位。

如果孩子能够学会以“3分钟”为一个单位测量“时间”

的流逝，那么完全可以要求一个5岁的孩子帮忙完成下列任务，“妈妈想在10分钟内放满一浴缸水，你试着调节一下水管的流量吧”。

能按照自己的感觉去尝试很有意思，孩子们一定会喜欢这种挑战的。

想要了解无形的事物，磨炼感觉是最佳途径，也可以激发孩子自身的兴趣。

因为有钟表，所以学习掌握时间并非必要的本领。但正确理解“3分钟”的时间长度，与可以熟练运用日常生活中的窍门密不可分。

让孩子正确感知“3分钟”的长度，还可以帮助孩子在一项接一项的任务中，正确感知自己的工作量。

清楚“几分钟可以完成这项工作”，是按照原定计划开展工作的一个必要条件。

有些人即使在忘我的工作中，也能毫无误差地感知“3分钟”时间。想训练孩子到这种程度需要花费很长时间，而尽早让孩子与“时间”打交道，在不知不觉中就能掌握这种感觉。

日常生活中，请在与孩子的对话中加入“时间”的概念。

比如，让孩子“3分钟内穿好衣服”“3分钟就是3个一分钟哦，去玩儿吧”。而且，还要时不时地看着表对孩子说“已经过了1分钟喽”“马上就要到3分钟啦”等。

另外，孩子理解“3分钟”的时间概念后，还可以进一步训练其专注力，要求孩子在“3分钟”内把自己的事情做完。告诉孩子要劳逸结合，但在规定的“3分钟”内必须专心做事的原则。

为了让孩子理解“3分钟”的时间概念，需要在他2~3岁期间进行预备训练。比如可以进行这样的亲子游戏，看着钟表，喊“啊——”的声音，看谁持续的时间长，通过比赛给孩子灌输时间的概念。或者告诉孩子，“你先自己玩一会儿，一直到表针走到这儿”等，让孩子感知“时间”这个无形的事物。

42 什么是真正的撒谎

听到我的大儿子跟姥姥说“我妈妈在厕所里吸烟，还喝啤酒呢”，我母亲非常吃惊，特意跑来质问我：“你真的做过这些令人讨厌的事情吗？”

儿子为什么会有这种印象呢？

但我并不认为这是儿子在故意撒谎。

我想，这一定是孩子通过某件事情联想出来的画面。是因为他认为自己的母亲既不喝酒又不吸烟很不可思议？还是因为他希望自己的母亲吸烟？还是因为厕所马桶里有过香烟形状的垃圾？到现在我也不清楚原因。

四五岁的幼儿说出像“狼来了”那样的谎言（《伊索寓言》中的故事，为了吸引别人注意而撒谎）根本不足为奇。

幼儿通常意识不到自己在撒谎，他们经常会把没有的事物想象成“存在”的事物。如果大人把这种语言定义为谎言的话，很容易挫伤孩子的想象力。

想了解幼儿究竟在思考什么，大人要在此时附和孩子，抓住这个探究他们心理的绝好机会。家长要适时与孩子保持同步，一起展开想象力。

但是，孩子有时候会信口开河，而无视实际情况。这个过程会持续很长一段时间。这时，家长要对孩子采取无视的态度，不予理睬并巧妙地转移话题。

有个男孩跟我说：“我去了奶奶家。”但孩子的奶奶家离得非常远，短时间内根本无法到达，所以当我问他“你什么时候去的，去的哪里”，他就实话实说了。

和这个孩子平时一起玩的同年级孩子中，有两位孩子的奶奶就住在附近。这个孩子因为非常羡慕小伙伴们跟奶奶之间的这种交流，所以才会说出上面的话。也许他曾经多次在脑海中勾画出与自己“奶奶”玩耍的画面吧。事实上，他创造出了一位非常完美的奶奶。

我建议这位孩子的妈妈，带孩子去拜访一下住在远方的奶奶。

后来，这位妈妈给孩子看了奶奶的照片，还讲了许多关于奶奶的故事。

事情的结果如何呢？

这个孩子后来无数次骄傲地对小伙伴们说：“我也有奶奶哟！”而此时，他之前脑海里创造出来的奶奶已经消失不见了。

有一次，一个女孩因为“对妈妈撒谎”而被狠狠地训斥并被赶出家门，在外面大哭。我问孩子妈妈道：“孩子究竟撒了什么谎？”

据说，这个女孩去了别人家中，吃了好多点心，但她并没有把这件事情告诉妈妈。几天后，妈妈被对方家人问及此事，感到非常羞愧，所以训斥了女儿。女孩的行为被妈妈定义为“撒谎”。

那么，这个女孩子真的“撒谎”了吗？

有一句特别让人讨厌的谚语：“撒谎是偷窃之始。”

当妈妈的看到孩子做出自己不喜欢的行为，就说“撒谎可不行啊”，轻易就给孩子扣上了“撒谎”的帽子。

但是，不认真思考究竟什么才是真正的“撒谎”，用“谎言”般的语言训斥孩子，这就是做妈妈的在撒谎了。

43

不要把压岁钱全部存起来

过年的时候，孩子们通常会收到超乎寻常的一大笔压岁钱。如果这笔钱一年都花不完的话，通常会作为存款或交由父母保管。

尽管孩子非常不情愿，但父母还是会劝说他们要懂事。

可这样做的话，父母就会错过一个教育孩子树立正确的金钱价值观的机会。

如果拥有可以自由支配的金钱，孩子就能体会到与之相对应的乐趣。把接近一万日元[1]数额的钱交给四五岁的幼儿，告诉他可以自由支配这笔钱，试着让他来安排一家人的生活费。

当有人给孩子零花钱或者压岁钱时，我通常会对他说："实际上，是因为妈妈给对方买了'点心'或特产之类的礼物，人家才会给你零花钱。如果你不是妈妈的孩子，是绝对不会给你的。所以，这个零花钱其实是给妈妈的。妈妈还要用心地招待客人，为客人端茶倒水，给他们做饭吃。"或者告诉他："妈妈也要给他的孩子压岁钱呢。"这样孩子就会把收到的钱全数上交。

但是，我也会跟孩子说："爷爷奶奶给的压岁钱，你可以自由支配。"如果孩子有一件心仪已久的物品，我就会事先将这

1　1万日元约为600元人民币。——译注

件物品的价格告知祖父母，让他们按照这个数目给就可以了。

一定要让孩子获得一些自由支配金钱的权利。

儿子们小的时候，我家附近有一家粗粮点心店。给他们一定数额的钱，他们会考虑很久究竟买哪种点心，最后才会做出选择。虽然钱不多，但他们也能体会到花钱的乐趣。

只可惜现在这样的店铺越来越少了。

因为手头有了可以自由支配的钱，孩子就会开始思考哪些东西值得购买，而哪些东西是不值得购买的，这一点非常重要。

没有对自己选择并购买的物品进行反思的过程，就体会不到浪费的真正含义。长大以后，这样的人很容易成为“乱花钱的人”，养成难以改正的恶习，令人哀叹。

拿些零花钱（大约一次可以消费的数额），带孩子去他们喜欢的杂货店或点心屋，给他们30分钟自由选择的时间，对他们说“喜欢什么就买什么，要把钱全部花完”。

孩子选择和购买的过程中，父母千万不要插嘴，也不要对孩子的选择进行评判。

即使孩子选择的物品是妈妈看到就忍不住要发牢骚的，妈妈也要装作没看见，最好在其他场合做其他事情的时候再提。

孩子挑选的商品可能是大人平时连看都不会看的东西，所以请家长们费些心思尽可能多找些摆满平价小商品的店铺吧。

在家长眼中毫无价值的物品，却被孩子视若珍宝，除非他自己也能意识到这确实是个毫无价值的物品。

一碰就坏的玩具、添加过量色素的点心——只有大人才认为它们毫无价值。

如果每年都可以这样随心所欲地消费几次，那么孩子一定会对金钱的概念产生印象，并体会到金钱是个能让人愉快的东西。

所以，请不要把孩子的压岁钱全部存起来。

第4章

培育孩子坚强品格的10个心得

44

如何培育孩子对数学的感知

有些4岁左右的孩子，可以从1数到10，甚至从1数到100，他们的父母也会为此而扬扬自得。

我的儿子们也早早学会了数数，但我所认可的并非是这些。要掌握数学式思考的基本方法，而不是会不会数数的问题。

我一直期盼孩子长大后可以成为对数学敏感的人，所以在培养他们的过程中加强了相应的教育。教授数学不是单纯地让孩子背诵数字，而是教会他们1和2的区别，特别是在如何让孩子理解0的概念上下了一番功夫。

那时还是20世纪60年代前期，火箭发射进入繁盛时期，新闻里经常播放发射时的倒计时“3、2、1、0”，接着响起“发射”和火箭发射的声音。小儿子最喜欢看的木偶剧《雷鸟》中，也经常会有这样的倒计时。

我想，这样的倒计时正好可以帮助孩子理解时间的流逝，就充分利用起来。

“加快速度，好，10、9……”“我数5声就结束，5、4、3、2、1”等，我经常用这种方法来催促孩子们。在做一些充满爆发力的动作时，孩子就可以感知到这种倒计时与传统的数数“1、2、3”的差别。

从1开始计数，给人一种通过有限的计算向上叠加的感觉。但倒数到“0”，给人的感觉则是从有到无，有一种更加强烈的紧迫感。

不论日历还是钟表，我都会选择写有清晰阿拉伯数字的类型，让孩子们看到后对数字产生兴趣，并在日常会话中也刻意加些数字进去。

比如，我会说：“乖乖地等10分钟，等钟表的长针指到5就可以了。”而那些含糊不清的“一会儿”“马上”等语言，更像是母子间通用的暗号，需要孩子们理解后才能使用。

另外，孩子们书写数字时，也要跟书写文字一样规范，大人应教给他们正确的书写方法。不要写出瘦巴巴的“7”或胖乎乎的“5”，不管字的大小，让孩子不论写“1”还是“9”都要保持相同的间距。

如果孩子横向书写，数字都挤在一起，也要提醒孩子注意“你写得这么挤，会看不清数字的”。要坚决杜绝，孩子连如何书写定位都不懂，父母就带着欣赏的眼光随意推测孩子书写的内容，并对其进行表扬的做法。

另外，家长需要准备一些细长的卡片，0到9为一组，多准备几组，用卡片和孩子一起做游戏。

比如，用卡片排列出电话号码、用卡片模仿体育比赛的得分，或用卡片制作出公交车的站牌。通过这些方式让孩子了解数字在哪种场合下作为标识存在，在哪种场合下用来表示大小。

整理卡片时，让孩子把卡片按照从0到9的顺序进行归类，不要按照1到0（不要把0放在最后）的顺序归类。

即使没有学习过算数，也可以让孩子通过直观的感受把一块点心分成三份，或者对一个看着比较大的物品和两个稍小的物品相加作对比，判断出哪个更合算。

45

孩子在四五岁的时候要学会方位感知

一个小女孩边看住宅广告边和我聊天，她对我说“好想要这座白色的房子啊”。

我说：“你说的这种房子，不合适。”

“为什么？”女孩问我理由。

女孩看到房子外观的照片，认为“太漂亮了，好想拥有它”。但看这所房屋的平面图，再考虑女孩的家庭成员组成，我并不赞同女孩的意见。

虽然图上也做出了相应的说明，但是很难让一个5岁的孩子通过平面图来想象房子的实际构造。

我们家的房子是两层楼，女孩家住的是平房。我试着对比她家房子的构造，画出了房屋平面图，并以我们家的房屋平面图为例，在图中对比了大门入口的面积、起居室的面积，并教给她6张榻榻米[1]的面积在平面图中所占的比例。

一楼还有部分面积被楼梯占用，无法使用，我一边对比实物一边为她讲解，她好像总算大致搞清楚了，不停地点头附和。但我认为，还是应该尽早让孩子学会这种对空间的感知。

---

1 榻榻米在日本的尺寸多为固定值，可以来衡量房间大小。1榻榻米约为1.62平方米。——编注

大儿子喜爱汽车，虽然他画的汽车都是车的侧面，但在他两三岁时，已经可以画出不同型号的汽车了。

如果你问他“这辆车和这辆车有什么不同”。他可以很好地用语言来描述差异，比如“前车灯不一样”。如果要求他“那把汽车的前面也画上吧”，他可以把汽车的前后都画出来。我表扬了儿子，他觉得很有意思，就又把汽车的平铺图画了出来。

把立体的物品如实描绘出来，是项高难度的技术活。如果孩子能够学会如何用平铺图或记号来表示空间，那么无论多大年纪，他都能从立方体堆叠的平面图中，数出位于下方的立方体的数量，解出这种智力图。这样孩子5岁左右，就可以对空间有明确的认知。

瓶盖和乒乓球，画在纸上都是一个圆。我问孩子们，怎样才能在画中表现出两者的差异。小儿子异常简单地在圆中间画了一道类似于箭头的弧线，解决了这个问题。他可能是从哥哥的地球仪中得到的启发吧。

哥哥则在物体的一侧画出了阴影，通过技术手段来解决问题，用添加“侧面”这种极其理论性的记号来表示球体。由此可以看出，两个孩子的个性和脑部发育的差异。

幼儿时期，作为空间感知的替代，可以先培养孩子的方向感知。锻炼孩子在物体的高低发生变化，方向也发生变化的情况下，迅速厘清思路，根据自己现在的朝向判断出正确的方向。

如果孩子在四五岁的时候具备了方向感知能力，孩子的活动范围就可以扩大许多。

孩子们有时会跑出去很远，而不认识回家的路。拥有方向感知后，他们会对自己的行动充满自信，积极寻找回家的路，不会迷路。

可以让孩子玩绘本中的迷宫游戏、猜谜画，也可以向孩子介绍自家房屋的平面图、超市玩具卖场的布局、通往车站的路线图，来锻炼孩子的空间感知力。家长还要适时跟孩子说："现在，太阳公公会向正西方落下。"看到电视上的天气预报图说："梅雨前锋[1]要过来了，明天会下雨呢。"

不是生硬地教给孩子，而是把这些知识融入日常对话中，逐步拓展，帮助孩子记忆。

---

1 梅雨前锋，指引起梅雨的静止锋。——译注

46

所有的孩子都会在运动后酣然入睡

天一冷，人的生活节奏就会放缓，活动范围缩小，与夏天相比，运动量大幅减少。而且，中午的时候，人时不时地还会小睡一会儿，一天的睡眠时间总体会变长。不过，晚上上床的时间也会推迟，经常熬夜。

根据人类每天的活动量来说，处于幼儿阶段的孩子们每天必须睡个午觉。如果午睡时间不规律，晚上睡觉的时间也容易被打乱。

随着孩子逐渐成长，就不需要每天都睡午觉了。

如果想戒掉孩子午睡的习惯，最好选在入冬时节。因为孩子总是熬夜，家长自然就会想到白天不让孩子睡觉，或许晚上能睡得早一点儿。根据孩子的身体状况，让他早睡是非常重要的事情。比起夏天，冬天的晚上需要更长的睡眠时间。

我的大儿子在出生后的第二天就睁开了眼睛，日间睡眠时间很短，所以晚上入睡和早上起床都比较容易。

我的小儿子却特别能睡觉，给人感觉如果一直保持安静，他甚至可以睡一整天。不过，他晚上入睡和早上起床都非常困难。我曾经尝试过很多方法，让他早早上床或者缩短他白天的睡眠时间。

家长很有必要清楚掌握自己孩子的睡眠类型。

必要睡眠时间会随着年龄的增长而缩短，与此相对应，要尽量保证孩子的深睡眠时间。

虽然不困，但在温暖的房间里一直迷迷糊糊地睡着，即使睡了很长时间，也属于睡眠不足类型。特别是入睡和起床都很困难的孩子，需要父母多花些心思让他增加运动量，养成倒头就睡的好习惯。

对于小儿子，我会让他进行足量的运动，睡前泡澡提升体温，还会把他的床铺弄暖。有时我会让他喝杯温牛奶再上床睡觉。孩子进入深睡眠后不要打扰他，天快亮的时候，我会再给他加一个暖炉。

孩子上床后就不要再说话了，可以轻轻按摩他的手指和脚趾，让他的身体保持温暖，叫他“手和脚不要在被窝里乱动”，隔着被子有节奏地轻轻拍他的身体。

慢慢放缓拍打的节奏，等小儿子的呼吸与拍打的节奏同步后，我就可以离开了。

当儿子们在发低热、感冒、感到疲惫时，或是脸色不太好，抑或是受伤时，我都会让他们比往常提前1小时上床睡觉。

提早上床这件事，如果在冬天会更容易做到，床和房间特别温暖，更容易让孩子想睡觉。因为与外部环境存在温差，冬天可以更好地控制孩子睡眠。

不想让孩子睡懒觉、希望他晚上早点儿睡觉、减少午睡时间、增加高质量深睡眠、希望孩子早点儿起床、让睡觉和起床都成为一件愉快的事情，等等，这些都应该在冬季养成习惯，可以说寒冷的冬季是改善孩子睡眠的最佳时期。

能控制好一个冬天的睡眠就足够了，因为在夏天，孩子的身体状况容易反常，所以有可能会需要调整好几年。

47

孩子上幼儿园时不要轻易请假

我一直把两个儿子带在身边，无比疼爱地养育他们。儿子们认为，这个世界上没有什么地方比家里更舒心，只要有妈妈在就满足了。

虽然儿子们可以自己一个人出去玩，但我从未让他们在外面留宿过，哪怕是去我家附近的外婆家。

大儿子上的保育园[1]，小儿子上的幼儿园。

3岁的大儿子刚开始上保育园时，接送班车开出去好远，还能听到他的哭声，连续数日都是如此。小儿子虽然上的是幼儿园大班，但有接近半年的时间，一到中午就会大哭着喊“我想见妈妈”。

即使是这样，我仍然坚持他们必须入园，哪怕他们说讨厌去，我也没给他们请过一天假。

我经常会对大儿子说，妈妈必须工作；对小儿子说，去学校之前必须体验集体生活。他们会执行我的命令，是因为他们信任我，知道我让他们做的是对他们好的事情。

幼儿通常喜欢待在用心照顾他们的保护者身边，这种情感

1　保育园的幼儿托管时间相对于幼儿园要长，而且0岁起就可以入园，适合双职工无人照顾幼儿的家庭。——译注

纽带维系得越紧，就越难以割舍。

孩子上早教班、保育园或幼儿园时，家长经常会以“孩子不愿意来”为由，轻易就帮孩子请假。

“孩子还太小，实在是没办法”“孩子那么讨厌去，强迫他去太可怜了”“反正是幼儿园，请假也无所谓”。通常找这类借口的家长，不仅是因为认定自己的孩子还没有达到同龄人的能力水平，需要加以保护，更重要的原因是，在他们内心深处，仅把保育园和幼儿园看作照看孩子的场所，并不认为孩子在园里可以学到东西。

如果孩子上有固定课程的小学，妈妈们是不会轻易给孩子请假的。但这些妈妈中有的却认为休园没什么大碍，也难怪被讽刺为“教育妈妈”了。

幼儿阶段的学习，不仅是背诵字母表那么简单，所有的行为都要慎重考虑。如果孩子上幼儿园，只要没有特殊理由，最好不要轻易请假。

“很多事情，就算不喜欢也必须做”。我希望通过上幼儿园这件事情，初步教给孩子什么是义务。

另外，父母还要留意观察自己的孩子如何适应全新的生活环境。

一旦出现问题，家长要及时反省自己的育儿方式，帮助孩子尽早适应新的环境，而不是帮孩子请假应付了事。

如果孩子每天都对幼儿园的生活感到疲惫，或者总生病的话，就要注意加强身体锻炼，或者早点儿接孩子回家，进行相应的调节。

我把儿子们送走后，会悄悄探访幼儿园，找出孩子哭泣的原因，并且一定会与老师商谈，找出对策。

老师并不介意我儿子的哭声，放任他大哭，并对他的小伙伴说“先让他哭一会儿吧，一会儿就不哭了”。还有我儿子身边的小伙伴们，虽然他们也很想跟着我儿子一起大哭，但还是忍住了。直到现在，我都非常感激他们。

48

不被感情左右的训斥方式

孩子3岁以后，通常可以明白家长的教诲，但也有许多场合会让家长感到束手无策。

我一直提醒自己不要对孩子进行歇斯底里式管教，但孩子经常是怎么都管不住，不遵守约定。我也知道，在家里有客人时尽量不要当着客人的面训斥孩子，但看到他们不仅不遵守约定，还抓住父母的弱点进行挑衅的态度，也会忍不住训斥他们，强迫他们服从命令。

孩子一两岁时，为了让他们远离危险，家长会动手打他们一下，让他们感觉到疼，这样会记住得更快。这与体罚不是一个概念，毕竟那么小的孩子还没有到通过语言教导就能形成基础思维的年龄。

当孩子到了自我意识强化时期，他就开始变得叛逆起来，俗称“万人嫌”，父母经常会被孩子气得抓狂。

我一直喊“快点儿进浴缸洗澡”。孩子却置若罔闻，让我在浴缸里像只煮章鱼[1]一样等上半天；明明对他说“妈妈和客人说话的时候，你不要插嘴”，他却一直腻在我身边说个不停；和

1　煮章鱼，日本俚语，指因入浴、饮酒、暴怒等，脸或身体变得很红。——译注

他约定“别人给了东西，一定要向妈妈汇报”，他根本不遵守。

这种状况持续下去，与其跟孩子苦口婆心地讲道理，不如直接宣布“下次再犯就打屁股”。

训斥孩子的时候，有一点需要特别注意，家长不要让自己的感情左右。但我也是凡人一个，兄弟二人如果同时犯错，我就会失去理智。

有时，在客人面前，我也会忍不住训斥孩子。如果访客是个比较开通的人，或许会对训斥孩子的母亲持肯定态度。而大多数情况下，如果当着客人的面训斥孩子，会让客人感到非常尴尬，他们通常会早早告辞。

事后，我会告诫孩子：“因为妈妈训了你们，所以让客人感到非常尴尬，这就相当于你们对客人做了不礼貌的事情。”并且宣布，以后我不会在客人面前说他们，取而代之的是等客人走后，给予他们比平时重两倍的惩罚。

这样，孩子们以后在家里有客人的情况下，很少再有任性的表现。我为了让外人多看到孩子的优点，也很少再当面训斥他们。

一旦向孩子宣布“我要惩罚你了”，我就一定并且果断地实行。看着孩子不情不愿的表情，我的心也会跟着乱起来。

但是，父母这个时候必须硬起心肠来。

家长要记住，不论哪一种惩罚，都是因为孩子没有遵守之前的约定，而不是随随便便施与的。

49

活用电视培养孩子的知性与感性

虽然“不让照顾孩子的人看电视”是一条大原则，但如果能对电视加以有效利用，身边恐怕没有比电视更方便的教材了。所以，请放宽孩子看电视的时间吧。

一起看电视时，家长有必要了解幼儿的兴趣点，以及对事物的反应，并给予相应的回应，这样可以更好地开发孩子的感觉、知觉和感性认知。

比如，孩子无比期待明天的郊游，当天晚上就可以让他们看看天气预报和天气图。孩子从中可以了解自己的住所，以及郊游地点的未来天气情况。

如果电视上正在播放孩子最喜欢的广告，家长可以把电视的声音关掉，让孩子为广告配音，成为“广告解说员”。

家长还可以让孩子对比电视里的报时，校准家里的钟表，或者跟随电视里的报时一起读秒，感受读秒的节奏。

另外，一部动画片的最终结局是什么、季节如何更迭等，电视可以为家长和孩子提供许多相通的话题。

看美食节目时，孩子会想：“这道菜究竟是什么味道呢？”于是，脑子里充满了对味道和气味的想象。如果孩子可以通过画面想象一些无法用语言表达的味道或气味，是件非常好的事情。

如果孩子边看美食节目边说“好想品尝一次啊”“那种鱼，看着就不好吃”等，说明电视画面已经在他脑海中形成了印象，并可以进一步做出评判，此时孩子聪慧的大脑正在对味觉和嗅觉形成感知。

孩子们经常会因为崇拜电视剧或动画片中的主角，不自觉地把自己想象成主人公。

男孩通常会因为喜欢拥有超能力的主人公，如同进入奇幻的梦中世界一般，做出一些不计危险、出格的举动。

妈妈如果不经常陪孩子一起看他喜欢的动画片，往往容易把他的一些行为视为出格的举动而进行训斥。相反，如果对电视节目善加利用，孩子会显示出超乎寻常的努力。应该说，电视有时真的可以帮大忙。

值得注意的是，孩子模仿某位歌手的形态，只是因为电视上反复播放的画面映入眼中，并不代表孩子特别喜爱这首歌。

幼儿非常喜欢不断地重复同一件事，这样便于他们的记忆。

即使故事情节发生了改变，孩子还是可以模仿出其中相同的动作举止。从中我们可以了解到，无数次的重复是帮助孩子记忆的最好方式。

如果有DVD机的话，将会更加方便。

家长把好的视频反复播放给幼儿看，他们可以牢牢记住下一个画面，在画面开始前就流露出开心或者悲伤的情绪，无数次感受相同的感动。

这也是幼儿的一种特权。

如果让幼儿反复观看，他们甚至可以理解一些令大人吃惊的复杂内容。另外，他们还会记住一些极易被忽略的细节描述。

反复观看相同的事物，可以让孩子初步掌握“边玩边看”的方法。

也就是说，当孩子碰到想看的画面时，他的眼睛会追着画面看，手上却玩着其他东西；碰到想听的内容时，一边竖起耳朵听，眼睛还可以继续看绘本。

50

如何为孩子选择合适的爱好

才刚刚满3岁的幼儿，妈妈们就坚定地让他们开始学习各种技能。有观点认为，最好等孩子长到四五岁以后，再开始学习一些极其简单的技能。

送孩子上保育园或幼儿园也是如此，老师就住在附近，学校也在附近，周围的人都上了兴趣班，邻居小伙伴们都去了幼儿园，身边一个朋友也没有了，如果再不学习一项技能的话，我的孩子就要落后于别人了，等等。

我的儿子们都没有特意去上过兴趣班。邻居中也没有做老师的人。大家无论经济方面还是时间方面都不宽裕。

我说："我天生一副'公鸭嗓子'，从弥补我声音不足的角度考虑，要让孩子多听听优美的声音。与其让他去学弹钢琴，不如买个唱片机。"大儿子出生后，我们就买了一台高级唱片机，用每月省下来的学费购买唱片，放给儿子听。

无论是绘画还是写字，对于幼儿来说最重要的莫过于实际练习。

我买了大量的文具堆在家里，让儿子们对这些文具持续不断地产生兴趣，绘画和写字水平也就有了相应的提高。

把几页报纸粘贴成一张结实的大纸，用尼龙刷蘸满浓浓的墨汁，让孩子们在上面写出类似于字的东西。有时，看到孩子出人意料地写出漂亮的作品，甚至会想，难得写得这么好，要是当初让他写在上好的纸上，留作纪念就好了。

学习技能这种事，孩子们通常很快就会产生厌烦情绪。

特别是家长为孩子做出决定，或在家长的安排下开始学习的技能，新鲜劲儿一过，孩子就变得不感兴趣。这也是很正常的事情。

学习钢琴、小提琴这类乐器，最好通过早期教育，让其固化为孩子身体动作的一部分。但首先要下功夫让孩子对这项技能产生兴趣。

想顺利地让孩子爱上演奏，妈妈首先得把自己的兴趣传递给孩子，等孩子也跃跃欲试时，再鼓励他去学习，这一步一定不能少。

我们常说："兴趣是最好的老师。"

当你问孩子"想不想学"时，孩子仅仅回答"好"是不够的。要等孩子多次、主动提出"我也想去学"后，再跟孩子约定："那样的话，你可要努力哦。万事开头难，你可不许半途而废啊。"

如果家长遵照孩子的意愿选择兴趣班，那么当孩子三天打鱼、两天晒网，或者意志消沉的时候，说一句“当初可是你自己说想要学的呀”，就可以让孩子重整旗鼓，再次树立信心。

即使不是学习技能，孩子也有无论如何都做不好、想要放弃的时候，这些都是正常的。

每当孩子要放弃的时候，家长要对他说：“无论是你还是妈妈，生下来都不会走路，也不会说话。为什么你现在可以跑得飞快呢？”教给孩子，身体之所以能够敏捷地运动，是经过日积月累努力的结果。

我常挂在嘴边的一句话是：“你还太小，不可能什么都会，长大就好了。”

51 如果孩子对生殖器产生兴趣，请这样应对

冬天，孩子经常钻进被炉[1]里躺着看电视。这时家长需要格外留意，当他看电视看累了，觉得无聊的时候，很可能就趴在那儿想入非非。

这种想入非非的时刻特别容易产生自慰的念头。

我特别在意儿子们赖床不起的坏毛病，所以通常看他们一睁眼就催促他们起床，同时要求他们不许在床上扭来扭去发出咔嚓咔嚓的声音。

运动—平静下来—入睡，形成习惯后，可以让孩子成长为自由转换注意力的人。对成长显著的幼儿来说，虚度时光是非常可惜的事情。

孩子必定会有一个时期对生殖器产生兴趣。这个时期的孩子，通常不会感到羞耻，在人前说一些象征生殖器的语言、触碰生殖器，或者让别人看自己的生殖器。家长一定要好好利用这个机会。

不过，家长们也要注意，千万别让孩子认为性是见不得人的东西，要教给孩子生殖器是身体的一部分，是非常重要的器官。

1　被炉是一种日式传统暖炉，在电热等热源周围置以木框架，再从上面覆盖被褥，用以取暖。——译注孩子对生殖器产生好奇的时期，最好不要让他有可以自慰的机会。看到孩子的自慰行为，母亲一定要立即制止。这样的话，孩子可能会意识到自己在做坏事，但还有可能会避开家长的视线偷偷进行。

那么，家长是否可以不制止孩子的自慰行为呢？当然不可以。孩子在这个阶段的自慰行为，同幼儿吮指的行为一样，容易成为很难改掉的坏毛病，最终还可能导致孩子做事情心不在焉。所以这个时期，我们应该引导孩子对其他事情产生兴趣。

孩子追着上厕所的妈妈，并想打开厕所门。从这个时期开始，他就萌发了对生殖器的兴趣。

家长还要教给孩子如何清洗自己的生殖器。

要明确地跟孩子讲，用脏手触碰生殖器的话，会引起尿道炎。如果孩子学会不用脏手触碰黏膜，就不会出太大的问题。

“都是因为你摸了那儿！”千万不要这么跟孩子说。

同时，还要教给孩子清洗口腔、耳朵、鼻子、肚脐等部位的正确方法。

另外，亲子一起泡澡的时候，要告诉孩子清洗全身的重要性，以便他今后自己洗澡。

清洗娇嫩的生殖器和清洗足底、膝盖、胳膊肘等厚角质层部位，方法各不相同，要教给孩子相应的清洗方法，任何一个部位都不能忽略，告知孩子“身体的重要性”。

每一个部位都是自己身体的重要组成，在卫生上，教导孩子不要认为只有肛门是藏污纳垢的地方，孩子对生殖器产生的兴趣也会有所改变。

给孩子摘掉尿布的同时，要试着让他学会管理自己的大小便。

当孩子可以自己向家长报告“裤子弄脏了”“我擦不干净”“我好像有点儿拉肚子”时，家长就可以给他彻底摘掉尿布了。

另外，务必教给孩子，大小便后一定都要洗干净双手。

52

教孩子认清“残忍”和“善良”

大儿子在卷心菜地里抓到满满一虫笼的蝴蝶带回家。邻居阿姨说："拜托了，今天是彼岸[1]，千万不要杀生。"并拜托大儿子将蝴蝶放生。

在阿姨的央求下，儿子打开笼盖想让蝴蝶飞走，挤得满满的蝴蝶却怎么也飞不出去。

于是，儿子就把食指伸进虫笼，想强行把它们拽出来。结果，大部分蝴蝶都死了。儿子只是觉得没有把它们放生有点儿可惜，但并未觉得自己杀生了。

儿子还干过许多类似的事情，比如把蝌蚪放进小水桶里，第二天一早发现全死了，就随随便便把它们扔掉；或者从前端开始踩踏行进中的蚂蚁队伍。这些都让我看不下去。

每当儿子做出这种残忍行为的时候，我都忍不住想训斥儿子几句，但一想到自己小时候也做过相同的事情，就变得犹豫起来。究竟应该如何应对儿子的这种行为，我一直很困惑。

我一直希望把儿子培养成富有同情心的人，但是事与愿违，我很担心儿子的性格中是否隐藏着残忍的一面。孩子表现出

1　指以春分日、秋分日为中间日的各7天时间，也指这期间做的佛事。——译注

这种行为后，家长应该采取怎样的态度和应对措施？家长看到后往往会觉得难受，但也不要因此劈头盖脸地训斥孩子，只说“我很讨厌这样”“下次不要这样了”，对孩子这一次的行为就睁一只眼闭一只眼吧。

婴儿时期，孩子经常把手指伸向妈妈的眼睛或者鼻孔。妈妈虽然不喜欢这样，但并不制止孩子。把孩子的这种行为，视为向单纯恶作剧的过渡就可以了。

为避免向残忍的行为过渡，要对孩子欺凌弱小的冷酷行为加以训斥，不要让他成为欺负弱小者的孩子。

在我儿子3岁左右时，遇到他做出残忍行为的情况，我只会感叹“太可怜了，妈妈可不喜欢这样”，表达出我的态度。

生活中，经常让孩子看看弱小生物的生存状态，可以是小动物，也可以是小婴儿，用心培养孩子的同情心，那些无意义杀生或欺凌弱小的种子就不会在孩子的心中生根发芽。

我们在镇上的公寓居住时，会养一只仓鼠或金鱼。只养一只，动物会更容易和主人亲近，因为主人是它的食物寄托。

建议有条件的家庭养只狗。特别是5岁以上的狗，它们既可以充分表达自己的感情，也可以感知主人的心情。

通过观察家长精心饲养动物的行为，孩子可以感受到父母在自己身上倾注的感情。一回到家，他会第一时间跟小狗打招呼，也会同情被铁链拴着的小狗；如果家里的金鱼无精打采，他会一整天深情注视着它。这份温柔的情怀，会消解孩子性格中的残忍部分。

而且，孩子们的一些粗暴行为根本就是不假思索做出来的，也无法从中体会欺凌弱小的快感。

所以，我们首先要培养孩子拥有一颗善良的心，随着年龄的增长，他自己就能体会，有些动物不得不杀死，比如苍蝇或蚊子，有些却不能，从而理解大人的心情。

53

审美意识的培养方式

我在幼儿经常玩耍的地方写生，一位四五岁的女孩跑过来对我说："能不能画一张我的肖像画？"

我模仿这个孩子的脸部特征，逼真地画出了她的脸部肖像。她却一脸不高兴，还用不可思议的表情对我说："还是我妈妈画得好。"

我琢磨着她妈妈每次都把她画成什么样，重新画了一遍。这次我画了漫画式的水灵灵的大眼睛，头发上还扎着丝带，画出和女孩完全不像的一张脸，女孩却非常满意开心地笑了起来。

还有一次，我也是给这么大的一个女孩画了一幅写实的脸部肖像。这个女孩非常开心，央求我为这幅画涂上颜色。我问她："头发涂什么颜色？""粉色。"她回答。用大人绝对不会想到的粉色来涂头发，整个画面充满了新鲜感，突出了孩子的可爱，产生了意想不到的效果。

被传统观念束缚，女孩肖像要画上下都有睫毛的眼睛、樱桃小嘴、长头发、扎着漂亮的丝带。第一个女孩固执地希望别人把自己画成这种类型，是因为她被母亲无心的描绘压抑住了梦想和想象力。

选择粉色发色的女孩，并不是因为认为粉色可以很好地与画面内容表达相吻合，而只是单纯地喜欢粉色。等这个孩子长大后，我要把这幅画送给她，粉色头发可以让她依稀记起当年的可爱。

妈妈在画画时，如果能够逼真描绘当然很好，即使绘画技术不高也没关系。比如画车，把车的主要特征准确描绘出来就好，没必要把看不见的东西用透视法都画出来。

“你的鼻头有点儿圆，可以看到鼻孔哦”“你右边的眼睛稍微大一些”等，我经常边说边画。

我的体验是，孩子在3岁左右审美意识开始萌芽，千万不要把大人的感觉强加给他。孩子作画时，即使有些自由发挥的成分，也会仔细观察妈妈的画作，尽其所能地描画出接近实物的画作。

现在，市场上的绘本有些内容很抽象。每当看到这样的绘本，我就会不拘泥于形式，不妄加批评，而是说“好温暖的画啊”“很喜欢这个色彩”“这朵小花太有意思了”等，引导孩子欣赏整幅画面的精致。

另外，尽量避免给孩子看一些稀奇古怪的绘本。真真切切地画出物体非常重要。幼儿时期，最好多接触一些写实的画作。

从孩子喜好的颜色，可以探知他的各种心理状态。但不要拘泥于这些颜色，可以选择孩子喜欢的色系，喜欢粉色就选粉色系，喜欢蓝色就选蓝色系，找出同一色系的其他颜色给孩子看，告诉他同一色系也分很多种颜色。

我特意告诉儿子们，即使是同一棵树的叶子，也会由浓郁的绿色变成黄色，“快看，右侧的树干颜色更深一些”。仅仅说一些这样的话，他们以后就能逐渐开始使用多种色彩描绘事物，结束了单一色彩的绘画。

这也许是因为他们自己已经可以观察出物体微妙的色差了吧。

附　录

脑科学研究界权威久保田竞关于培养儿童头脑与品格的心得

让孩子变得擅长运动

直立行走无疑是人类文明的起源，也是人类特有的行走方式。人类开始行走之后，其他身体部位也相应活跃起来。

宝宝一旦学会了走路，很快就能学会奔跑。不久之后，他还能学会双腿跳跃和单腿跳跃。

此外，宝宝还可以保持5秒单腿站立，抓住弹跳到自己身边的球类。像这样，以单纯的简单运动为开端，孩子可以逐渐学会各项复杂运动。

发达的运动机能，与发达的大脑紧密相关。为了完成某项运动，大脑发出指令，与该动作相关的肌肉开始运动。肌肉运动后，大脑会对肌肉当时的运动状况进行确认。也就是说，大脑和肌肉是双向紧密连接的。

大脑由许多神经细胞构成，神经细胞彼此之间以突出的部分相连接，由此形成复杂的神经回路。

神经回路通过神经凸起与肌肉相连，肌肉、周边皮肤及关节的感应器也同样通过神经连接。

此外，大脑神经回路是由遗传基因决定的。

刚刚出生的婴儿几乎不存在个体差异，但是由于神经回路的不同，后天所显现的大脑功能大相径庭。

在训练和练习的过程中，神经细胞开始运动，突起的连接部分发生变化导致回路增强，可以更好地向相连的神经细胞传递信息。也就是说，神经回路会在训练中变得越来越高效。

神经细胞的连接部分称为“突触”。突触的数量越多，越容易传递信息。

所谓学会了一项新运动，是指大脑发出“请做这项运动”的指令后，相应领域的神经细胞开始运转，形成新的突触，指示相应部位肌肉开始运动。

进一步重复相同的运动，让神经回路稳定运行，突触的强度也有所提高。

换句话说，开始练习一项运动，可以让大脑形成一个神经回路，再通过重复相同的动作使神经突触得到持续性刺激，就会变得擅长该项运动。因此，孩子记住动作要领后，通过反复练习，很快就能熟练起来。

但是，已经学会的运动，如果长时间不锻炼，水平很快就会下降。原因是与该项运动相关的神经回路中的神经细胞的突触数量减少，信息传递受阻。

此外，还要牢记肥胖是影响运动的重要因素。脂肪增加，身体活动变得迟缓，运动量也会相应减少。这样一来，大脑内与运动相关的领域无法高效运转，神经回路也会变得迟钝。

手部运动

用拇指依次触碰其他四根手指的指尖，让孩子试着做一个“指尖游戏”。

从食指到小指，然后再返回食指。左右手都试一下。要求，四五岁的孩子可以慢慢地做，六七岁的孩子尽可能加快速度。

父母可以在游戏中留意观察，看孩子哪根手指灵活，哪根手指迟钝。最理想的状态是左右手无论哪根手指都能无差别活动。

支配手部活动的大脑部位称为前额皮层（PFC），即指示“开始运动”的部位。前额皮层开始工作，运动区随之开始工作，向手指肌肉发出“运动”的指令，手指便开始运动。

支配右手活动的大脑皮质运动区位于左脑，支配左手活动的大脑皮质运动区位于右脑，每根手指受不同区域支配。运动区的神经细胞发出“运动”的指令时，前额皮层就会制订出何时开始用力、使用多大力度的“计划”。接下来，前额皮层与运动区就会开始运转，手部也随之开始运动。

在与大脑发出指示的反向路径上，诸如拇指与其他手指接触、皮肤何处受到何种刺激等感觉信息，会由皮肤表面的感应器传送至大脑。

这种皮肤的感觉信息，会被传送到手部体感区（图1）。所谓体感区，是指通过皮肤或肌肉接收的信息，来感知皮肤、关节和肌肉受到何种刺激的重要区域。体感区感知的信息，会早于运动区的信息，被传送到位于大脑前方的运动前区，之后再被传送到支配手部活动的运动区。运动前区可以支配手部更为灵巧地运动。

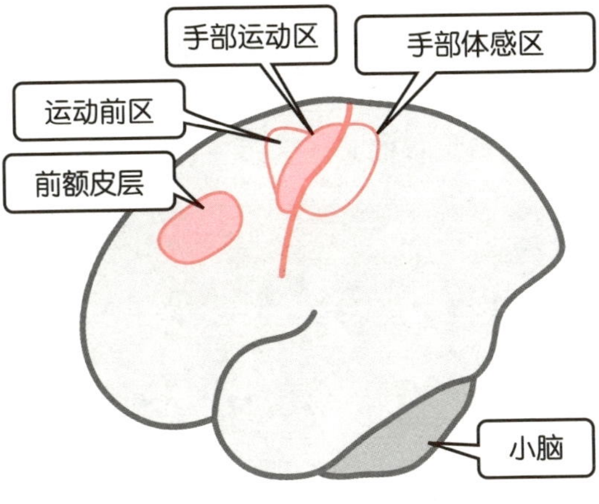

图1　大脑接收触感、发出运动指令的部分

换句话说，手部向大脑传递的感知信息，将成为大脑向手部传递信息的助手。

最好让孩子做一些折纸类的手工练习，来锻炼他们的手部运动。

值得注意的是，训练时，要让孩子保持正确的坐姿；使用夹子等道具时，也要教给他们正确的握姿，这一点非常重要。

锻炼感知力

人类通过捕捉外界信息，来感知自己身体内部的状态，并称之为“感觉”。

感觉包括所谓的“五感”（视觉、听觉、嗅觉、味觉、触觉），其相对应的五种感觉器官为眼、耳、鼻、舌、皮肤。事实上，人类还有其他更多的感觉，每一种感觉都有对应的感觉器官。

对温度的感知就是常见感觉之一，其分为“热感”和“冷感”。人类还会感觉到疼痛，既有皮肤被割破时感受到的剧烈疼痛，也有迟缓的阵痛。此外还有保持身体平衡的平衡感，还有作为“无感”感觉向大脑传递肌肉伸缩状态的“肌肉感觉”等。

诸如此类的感觉的形成都是相似的，即各感觉器官接受相应的外界刺激，将其转变为神经信息向大脑传送。这一信息被大脑的特定区域（感觉区）接收后就形成感觉。

所谓“锻炼感知力”，指的是“使感觉变得敏锐”。尽可能让孩子体验更多的感觉。通过对大量物体进行看、听、触、尝、闻的训练，锻炼他对外部世界的感知。当然，家长也不要过于追求丰富的体验，而让宝宝进行各种无原则的尝试，否则容易引发幼儿头脑的混乱。

比如，孩子学习辨色的时候，应先让他认识红、蓝、黄三种基本颜色，再进一步学习12色，最后学习微妙的中间色。随着孩子经验的增加，认识颜色的数量也随之增加。孩子最初只能辨认出有明显色差的颜色，逐渐就能区别细微的色差了。无论哪种感觉体验，都要遵循这一原则，即从简单向复杂逐步过渡。

在感觉刺激中，疼痛刺激具有特殊意义。通常情况下，未发生状况时，人体是感觉不到疼痛的。只有痛感神经受到刺激，人体才会感到疼痛。比如，受伤导致皮肤破损，人体就会感到疼痛。疼痛是一种信号，提醒人身体后退或及时处理伤口。

锻炼感知力，通过诸多感觉了解外部世界的同时，对自己的身体有全面的认识也非常重要。

2岁左右的宝宝能够区分手和脚，3~4岁的宝宝能够区分手部（拇指、食指等）、脸部（鼻、耳、眼）、肩膀、肚子等身体部位，5岁的宝宝能够区分左右，也能描绘出眉毛、眼睛、耳朵、下巴、手指、脚趾。不过，具体情况也要因人而异，这个标准仅供参考。

培养孩子将头脑中的信息准确表达出来，也是锻炼感知能力的一种重要方法。因此，家长要鼓励孩子对头脑中的事物加以叙述或描绘。

顺便一提，“感性”一词通常形容的是那些感觉敏锐、感知力强的人。

什么是真正的“聪明”

为什么人类擅长母语

20世纪后半期，随着大脑功能研究的不断深入，大脑运转受环境影响的事实也得到诸多证实。

比如，出生后从未听过别人说话的孩子，长大了也不会说话。反之，经常听别人说话的孩子，只要没有特殊疾病，都能学会说母语。

由此可以得知，如果长期向大脑输入某种语言，人类就能学会用这种语言进行表达，这是大脑的一项重要功能。从孩子出生到3岁或4岁的时候，要注意让他的大脑大量接受语言的刺激。如果错过了这个阶段，长大后再接触语言，就很难像正常人一样说话了。大脑可以对包括语言在内的环境刺激，做出合理的反应。这一功能的特点是，大脑只有接受足够的刺激才能正常发育。

大脑需要足够的刺激这一原则不仅适用于语言，也适用于人类所有的感觉和运动发育。

聪明到底指什么

在学校里考试成绩优秀的人、记忆力好的人，通常会被大家评价为“头脑聪明”的人。也可以说，他们是记忆力和理解力强的人，但我认为，真正“头脑聪明的人”是指擅长安排行动的人。

我们做事情或者有所行动的时候，首先要明确行动目标，发现亟待解决的问题。

为了解决问题，实现目标，预先合理地安排行动，并能够按计划执行的人就是“头脑聪明的人”。有的人会在旅行之前，制订一份切实有效的行程表，并严格按照计划实施。即使途中出现突发状况，比如突然下雨，行程被打乱，也能够随机应变，最终达成目标。这样的人就是“头脑聪明”的人。

合理安排行动之前，先要把过去发生的事件从大脑的记忆中提取出来。能够准确回忆起过去发生的事情，将其提取出来加以利用，还能正确认知外界的刺激（视觉、听觉、触觉等），这样的人也可以说是“头脑聪明”的人。

什么是前额皮层

与上述功能相关的就是位于前额内侧，在大脑前部的“前额皮层”（图2）。人类的前额皮层最为发达，约占大脑的三分之一。几乎所有大脑部位的运转都与“前额皮层”有关联，比如接受外界刺激部位、运动部位、记忆部位等。“头脑聪明”，取决于大脑回路的功能性——前额皮层运转良好，可以有效地控制行动。

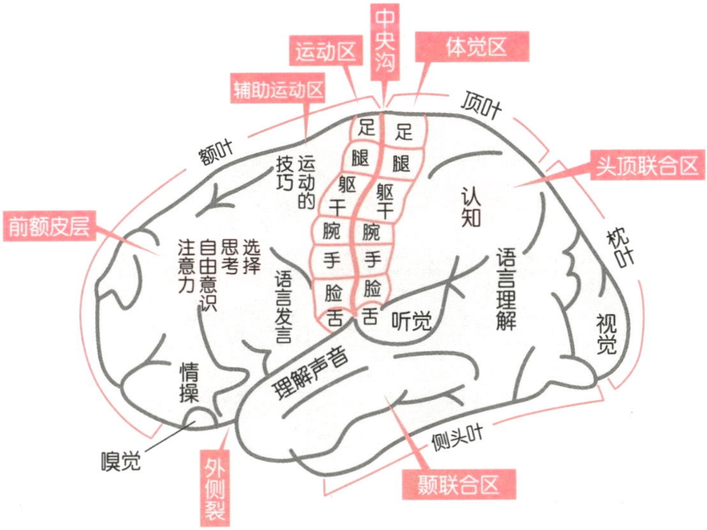

图2 大脑功能分布图

孩子大脑迅速发育的时期，大脑感知外界的部分（颞头顶联合区和颞联合区）在孩子十一二岁时达到发育巅峰。前额皮层则在孩子10岁左右达到发育巅峰，几乎发育到成人水平。

前额皮层的功能1

前额皮层的主要功能是，在做某件事情之前，通过思考判断，组织运动与行动，判断哪种方法最有效。

面对接踵而来的工作，如何合理安排时间至关重要。要根据工作的轻重缓急确定顺序，并付诸行动。事先预测出将要发生的事情，等到规定的时间再进行某项工作，正确预测3分钟后发生的事情，等等，这些都是前额皮层在发挥作用。

此外，“理解大意”也是前额皮层的重要功能。

比如，给孩子讲完绘本故事，让他归纳一下故事大意，这样就可以很好地锻炼前额皮层。

前额皮层的功能2

对世间万物充满浓厚的兴趣和好奇心，并理解事物间的关联性，这也是前额皮层的功能之一。

前额皮层还负责集中注意力。人类热衷于某件事情，并持之以恒地做下去，正是前额皮层在发挥作用。人类可以经过反复练习掌握集中注意力的能力。激发孩子在探索、玩耍、走路、跑步、竞赛等方面的兴趣，可以帮助孩子提升集中注意力的能力。这里需要再次强调，所谓“头脑聪明”，就是指前额皮层部位可以高效地运转，以外界的感觉刺激和以往积累的经验为基础，构建整体行动框架，这一点非常重要。进行诸多体验，失败了改正之后重新再来，这些都是前额皮层在发挥作用。

头顶联合区和颞联合区

头顶联合区通过手、脚、皮肤了解各类复杂的感觉，可以综合皮肤感觉、视觉和听觉等多种感觉发挥作用。

颞联合区的前方，是负责对人类听到的信息进行区分和存储的场所。颞联合区的后方，是负责对人类看见的信息进行区分和存储的场所。

头顶联合区和颞联合区合起来称为后部联合区，该部位将在孩子11岁左右达到发育巅峰。

因此，普遍认为，在孩子9~12岁期间，必须让他体验外部世界的各类感觉，进行充分且综合的理解。

生物钟和有规律的作息

我家有一只雄性成年小猎兔犬，从生下来就一直养到现在。

我每天喂它一次，大约在晚上7点。所以，每天一到晚上7点前后，小狗就发出催促的叫声。哪怕过了这个时间点，如果还没有喂它，它也会狂啸不止。

为什么狗能如此准确感知晚上7点这个时间点呢？其精准得让人觉得不可思议。

喂食之前如果多遛它一会儿，或者中间给它一顿加餐，到了7点它会稍微安静一些，但它还是能准确感知晚上这个时间点。

狗不像人类，可以通过看时钟了解时间，掌握时间完全依靠它脑中的生物钟。

我们家的狗之所以拥有预知时间的能力，是因为它出生之后，我们都是在晚上7点给它喂食，一直保持这个时间不变。

狗根据脑部的生物钟和外界的规律性刺激，进行综合判断，就能在准确的时间点发出叫声。它并不知道通过喊叫可以获得食物，只是“肚子饿”这一生理感觉让它察觉到喂食时间的临近，所以发出了叫声。

不仅是狗，人类也是如此，养成有规律的生活作息，可以确保大脑和身体一直处于健康状态。地球上所有的动物，都要保持与地球自转同步的生活规律，包括人类在内的哺乳动物，为了更好地适应这一规律，养成了“晓行夜宿”，即白天工作晚上休息的生活习习惯。

对这种昼夜规律起决定性作用的，是位于大脑下部的丘脑处，名为视交叉上核的神经细胞群。光线进入眼睛，细胞群就会变得活跃；夜晚，细胞群活动力下降。

与该活动周期一致，大脑及激素的运动也发生着相应的变化。通过光线感应进行运动的视交叉上核，被称为“生物钟”。

生物钟内还包含了分子时钟，通过一系列时钟基因的运动，来调节节奏。如图3所示，大脑与身体众多部位的分子时钟相连，带动其他细胞和内分泌腺体的运动，调节睡眠、行动、心脏、消化系统等各部位的规律，使身体运转平衡。

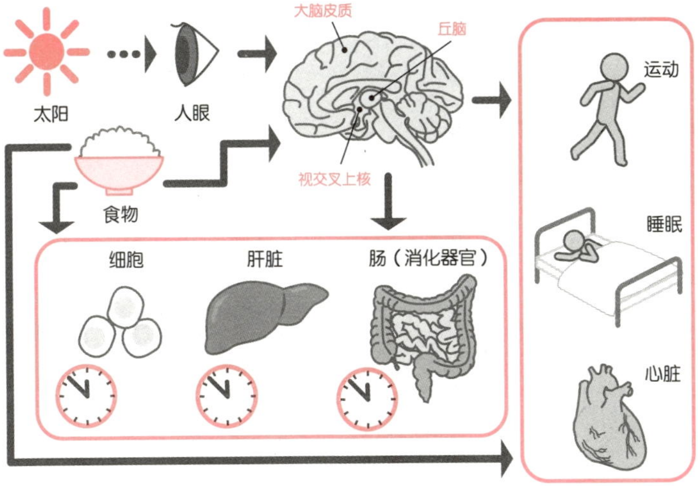

图3　大脑生物钟和身体的分子时钟

遵循昼夜规律和生活的基本规律，养成良好的生活习惯，对大脑和身体的健康发育至关重要。

因此，养成良好的生活习惯，是培育幼儿大脑的前提条件。

特别收录

让宝宝和妈妈都吃得开心

——加代子婆婆的14种美味食谱

该怎么给宝宝添加辅食

当宝宝对爸爸妈妈吃饭表现出兴趣，开始模仿大人吃饭咀嚼的样子，就可以开始给他添加辅食了。

一般来说，辅食要从糊状食物加起，按照全糊状、软饭、正常米饭的顺序。当然，也不是必须拘泥于这个规则。

需要注意的是，无论添加什么辅食，第一次吃的时候，请务必于早上添加，并仔细观察一整天。

同样的食物，请让孩子跟大人一起吃吧

让孩子和大人吃一样的食物，就是让孩子跟大人一起吃饭，吃大人饭。肯定有人担心“让孩子跟大人吃一样的调味品能行吗”。我认为，孩子的饭菜里能加入调味品后，就没必要那么严格地控制盐分等调味品的摄入，把饭菜做到妈妈自己都觉得很好吃就可以了。如果确实觉得宝宝吃会太咸，那就请妈妈改变一下自己的口味，吃得清淡一些。

3岁前的孩子，并不太懂“这个好吃”“那个不好吃”，只要看着妈妈吃得很香的样子，就会觉得是很好吃的东西。

有些妈妈会先让孩子吃，孩子吃完后自己再匆匆地吃饭。请不要这么做，一定要和孩子一起用餐，这样还可以让孩子学习使用筷子

和勺子的方法。所谓“美味”，是以“妈妈做的味道”为基础的。

出于这种想法，我这里提供的菜谱并不是“只有婴儿或者小孩子才喜欢吃的”。

下面，我就来介绍几种宝宝和妈妈都喜欢的以蔬菜为主的菜品，分量是以宝宝和妈妈两个人的标准设计的。

配料和调味品的使用我没有特别详细地介绍，需要妈妈们根据自己的口味和所做食物的分量来定。

制作出独有的“妈妈味道”是每个妈妈的任务，不用纠结于菜谱中“1小勺”一类的计量用语，那不是在教如何制作“妈妈味道”的。另外，做饭的时候，请尽量避免使用某些调味品，如香辛料等。

加代子的一些建议

关于日餐中的汤汁，孩子3岁之前最好还要多加注意，不要给他喝浓汤宝似的速成汤品，请务必自己动手熬制。熬汤的时候，除了海带或者小沙丁鱼干，平时做菜剥下来的萝卜皮、胡萝卜皮或者大葱叶子等，都可以放到锅里一起熬，做饭过程中产生的很多下脚料都可以放到汤里。熬好后把汤汁蓖出去，剩下的东西搅拌后还可以做成味噌汤。

☆烹饪：久保田加代子&脑研工房

碗蒸裙带菜味噌汤与菠菜味噌汤

1

材料

汤汁（海带味）、干裙带菜、菠菜、鸡蛋1枚、味噌

做法

❶先做一碗2人份的味噌汤备用。我这里用的是加了干裙带菜和菠菜的味噌汤，当然也可以根据家中现有的材料灵活取材。

❷准备一个婴儿专用的耐热性容器（用茶杯也可以），将半个蛋黄和等量的味噌汤汁倒入其中搅拌均匀，再次放入锅中热一下。

❸在锅里倒入其余味噌汤，将剩余的半个蛋黄和蛋白都放入锅中，盖上锅盖关火，焖上一会儿。

❹当蛋白全熟的时候就可以了。

现在，妈妈的“菠菜味噌汤”，宝宝的“碗蒸裙带菜味噌汤”就都可以享用啦！

加代子的小提示

妈妈一定要注意宝宝是否对鸡蛋过敏，如果过敏，一定不能给宝宝吃这个菜。没必要因为吃一个菜而加重过敏。仔细观察宝宝是否存在食物过敏非常重要。测试过敏的时候，请不要使用蛋白，只用蛋黄来测试。用筷子沾一点儿鸡蛋味噌汤汁让宝宝舔舔试试，观察有没有反应。

2

芹菜黄油猫饭

材料

芹菜（香芹、茴香、绿紫苏都可以）适量
米饭2碗
无盐黄油（天然）15克左右
鲣鱼干或小沙丁鱼干适量
盐、酱油少许

做法

❶事先把芹菜（熟）冷冻。

❷将无盐黄油、鲣鱼干或小沙丁鱼干及冻芹菜装入塑料袋中用双手揉搓，搓至细碎状后倒入热米饭中搅拌均匀。

❸依个人口味，可以用酱油或盐调味。

在婴幼儿食品中，黄油是一种非常不错的食材，所以家中可以考虑常备一些无盐黄油。

加代子的小提示

芹菜、香芹经过冷冻可以去掉其特别的味道，婴幼儿吃起来也更容易接受。另外，冷冻后用手就可以轻松地揉碎芹菜，也省得再用刀切了。这时与热腾腾的米饭一搅拌，冷热混合后的温度刚刚好，即使是怕烫的小孩子也非常容易接受。

牛蒡胡萝卜

3

从婴儿长出第一颗牙齿起，就应该开始“咀嚼练习”。长牙期间，我首推下面这道菜给孩子吃。

材料

中等粗细的牛蒡2根（最好选用方便婴儿小手抓握的比较细的牛蒡，如果太粗，请切成两半）

胡萝卜1根（切成方便婴儿抓握的细条状）

醋、盐适量

做法

❶将牛蒡和胡萝卜切成7厘米~10厘米左右的长条，摆好备用。

❷锅中放入适量的水，加入醋和盐（每500毫升水大概加入1大勺醋、1小勺盐）。

❸把切好的牛蒡和胡萝卜倒入锅中，点火加热。

❹将牛蒡和胡萝卜煮软后关火、捞出。

❺放凉后，一手拿着牛蒡条或胡萝卜条，一手用菜刀背或擀面杖轻轻地敲打。由于操作时下半节会在手里握着，所以还保持完整。

让孩子用手拿着牛蒡条和胡萝卜条完整的一端，练习咀嚼；妈妈搭配着醪糟、味噌汁或者高汤一起吃，也是不错的。

4

蔬菜果冻

材料

熬制好的高汤

食用明胶

多种颜色的蔬菜（萝卜苗、白菜、小油菜、胡萝卜、去了根的豆芽菜、彩椒、西蓝花、菜心、芦笋茎等）

做法

❶将适量的食用明胶（具体用量请参考包装说明）溶于准备好的高汤（如果用的是市场上售卖的块状浓汤宝，请参照包装上的用量说明使用）中。

❷将步骤❶中调制好的汤汁倒入透明的玻璃容器中，倒至2/3处即可，冷却备用。

❸利用冷却时间，将准备好的蔬菜切成尽可能薄、尽可能细的丝。

❹将胡萝卜、豆芽菜焯水备用。

❺将蔬菜均匀地放入冷却后的玻璃容器中，并将剩余的果冻液倒入。

❻放入冰箱冷却，待完全凝固后即可食用。

刚刚凝固住的蔬菜冻口感最佳，请及时食用。另外，制作中也可以将火腿、香肠等切成细丝加入其中，味道更好。

紫苏酥脆饼

5

材料

紫苏叶（尽量准备一些大片的叶子）

天妇罗粉

固体汤料包

盐少许

食用油

做法

❶往天妇罗粉中加入汤料包、少许盐及少量的水搅拌至面糊状。

❷取紫苏叶，将内侧（有小毛毛的一侧）放入步骤❶中的面糊里蘸一下，放入油锅炸制。

❸炸至微黄色后即可出锅。

稍稍冷却后，就可以让孩子用手拿着嘎嘎地咬着吃了。

6

落叶什锦饭

这道菜以及之后的菜谱，是只要会拿勺子的1岁以上的宝宝就可以吃。

材料（3~4人份）

大米0.3升　鸡蛋2枚　紫苏叶10片左右　三叶芹1棵

小杂鱼（熟）50克左右　腌萝卜干，选直径约5厘米大小的

卤汁（市场上购买的即可）适量　柠檬（或酸橙）适量

海苔条　大人吃的生姜

做法

❶把腌萝卜干切成碎末备用（先切成薄片，再切成丝，最后切成碎末）。

❷将切好的碎末倒入卤汁中浸泡3小时到1天的时间。

❸把蔬菜切成丝，蛋液中加入盐、料酒等调味品，放入热锅中炒制。

❹把浸泡后的碎萝卜干与熟米饭混合，充分搅拌后盛入大盘中。

❺将切好的三叶芹、紫苏叶和小杂鱼（熟）加至盘中，可挤入适量柠檬汁（或酸橙汁）调味，没有的话，加适量醋调味也没问题。

❻最后放上炒好的鸡蛋、海苔条，根据个人喜好还可以放些生姜。

吃之前把所有食材搅拌均匀，分盛至小碗中。如果家中有鳗鱼干、干虾仁、鲣鱼干等食材，都可以加入其中，会非常好吃。

加代子的小提示

这道菜之所以叫“落叶什锦饭”，是因为外观上像是风把各种落叶树五颜六色的树叶吹到一起的样子。当然，也可以把其他五颜六色的食材切成细丝代替。腌萝卜干可是提味的重要材料，请务必加入。

7 彩椒烧卖

材料

柿子椒和彩椒（红色、黄色）
烧卖（市场上购买）
香肠、面粉、食用油

做法

❶将柿子椒、彩椒去蒂，切成圆环状，去子备用。

❷把市场上买来的烧卖放至常温，用叉子背面碾压。用微波炉稍微加热一下会更好压。

❸把香肠剁碎，跟碾压好的烧卖混合搅拌。如果有料理机，打碎起来会轻松很多。

❹在柿子椒和彩椒圈内侧贴上一圈和好的面，最中间塞入步骤❸搅拌好的食材，要塞瓷实。

❺平底锅中放少量食用油，把步骤❹中的食材放入锅中双面煎制，煎熟后即可食用。

如果不用柿子椒，可以用西葫芦代替，把中间挖空就可以，也非常好吃。

8

黄瓜拌菜

材料

黄瓜1根
豆腐半块
砂糖2小勺（胶糖蜜或者细砂糖也可以）
盐少许

做法

❶将黄瓜切成薄片在笼屉内摊开后放在阳光下晾晒，待其颜色变白、卷起即可。夏季晴天晾晒的参考时间为2～3小时。

❷将豆腐碾碎过滤成霜状。

❸砂糖、盐放入步骤❷中的豆腐里调味，调制拌菜。

❹将步骤❸中拌好的豆腐倒入干黄瓜内混合即可。

拌菜中的豆腐，若不用盐和砂糖，也可用味噌和料酒进行调味。若嫌颜色过于单调的话，可加入切碎的胡萝卜。胡萝卜要事先用微波炉加热1分钟，然后倒入一起搅拌。

9 土豆的最佳做法及意大利面

材料

土豆1枚、鸡蛋2枚（如果土豆较小的话1枚蛋即可）、小葱5根或者半个洋葱切碎、切成薄片的烧鲑鱼（金枪鱼或者超市卖的切片鲑鱼亦可）、意大利面1把、色拉酱和番茄酱适量、食用油、面粉

做法

❶土豆切成小碎块。

❷将步骤❶中切好的土豆和鸡蛋、部分小葱、烧鲑鱼混合。若水分过多，可加入面粉调和。

❸平底锅内倒入1大汤匙食用油，将步骤❷中的食材倒入，摊成煎饼样的大圆形，正反两面煎至金黄。

❹搭配的意大利面做法：若用味噌汁调制的话，味噌和面条一起放入锅中（加味噌前先做好鲜汤）煮熟。之后，将煮好的面条倒入之前煎土豆用的平底锅内翻炒，加入剩余的小葱、色拉酱和番茄酱进行调味。

土豆本身加脱脂奶粉、帕尔马干酪、海苔也很好吃。这道菜若加入牡蛎的话，那简直就是豪华一品餐啦。

10

芹菜乳酪棒

材料

芹菜1根

卡芒贝尔软干酪适量

做法

❶去除芹菜表面的粗纤维。

❷将卡芒贝尔软干酪填入芹菜茎中。

❸将包裹好的芹菜乳酪棒放入平底锅煎熟即可。

如果没有卡芒贝尔软干酪的话，用其他干酪也可以。

努力制作的我！

黄瓜面

11

材料

挂面1把、黄瓜1根、面条佐料汁（超市有售）、胡萝卜和葱适量

做法

❶面条放入水中煮熟。

❷将黄瓜切丝放在煮好的面条上，并加入面条佐料汁。

❸若有胡萝卜、葱，可切成小块放入面中加以点缀。

这是从我家院子里采的花草！

12

煎土豆沙拉

材料

土豆沙拉（超市买即可）50克、卡芒贝尔软干酪（按喜好添加）、熟透的西红柿1个

做法

❶将西红柿切开，带蒂部分作为盖子。

❷将步骤❶切好的西红柿中的果肉用勺挖出去除。

❸将土豆沙拉盛入步骤❷挖好的西红柿中填满，把卡芒贝尔软干酪压在土豆沙拉上。

❹用平底锅微火慢慢煎熟步骤❸中的食材，或者放入铝箔中，留上端开口包裹好，放在电烤炉上烤，直到卡芒贝尔软干酪融化。

❺盖上西红柿盖子即可。

将5克黄油涂在铝箔上再烤的话，会更适合孩子的口味。

13

西瓜土豆沙拉

材料

西瓜皮按喜好准备、土豆沙拉（超市买即可）按喜好准备、盐少许

做法

❶将西瓜最外面的一层皮（花色部分）削下备用，接着将里面的西瓜皮（绿色部分）削成片。

❷将留有少许红瓤的西瓜皮切成薄薄的长条，加少许盐搅拌。然后，将花色部分切成细细的丝，备用。

❸将步骤❷中的食材放入冰箱冰一下，然后入盘，再在上面加入土豆沙拉，并用花色细丝装点即可。

试着摆在了去掉绿色部分的西瓜皮细丝上。

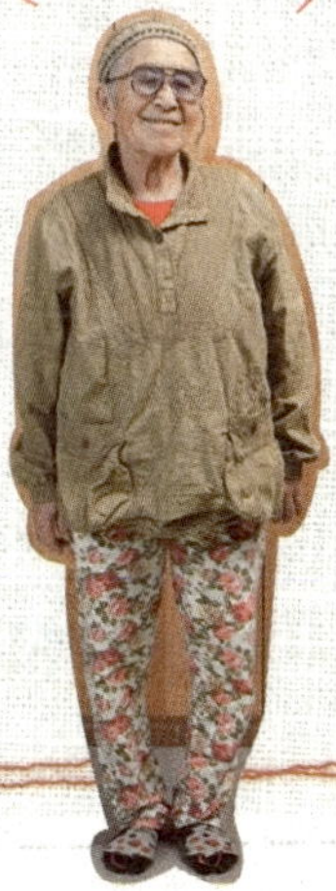

14

糖水煮瓜皮

材料

糖拌西瓜皮100克~150克、水（刚能把东西没过的程度）、冰激凌适量、鲜奶油适量

做法

❶将西瓜里面的一层皮（绿色部分）削片。

❷将留有少许红瓤的西瓜皮切成长3厘米、宽2厘米的长条。

❸白砂糖倒入水中，将步骤❷中的食材放入，煮成透明状后冷却。

❹捞出入盘，若有冰激凌或鲜奶油，可加入少许加以点缀。

可将上述做好的西瓜皮装瓶，放入冰箱内冷藏一周左右拿出食用。不用西瓜用冬瓜制作也非常好吃。

把从院子里采来的枇杷用糖水煮过后，和瓜皮一起装盘行吗？

无论是谁，都会有喜欢和讨厌的食物。但即使是孩子讨厌的食物，也要想办法让孩子多少吃一些，这就是父母的职责吧。